JN248024

# ニューコンセプト大全

## コンセプト

仕事の
アイデアが
生まれる
50の思考法

電通Bチーム

大全

KADOKAWA

# この世界に変化を生みたいと
# 思っている同志たちへ

　電通Bチームは、2014年7月に発足した、特殊クリエーティブ部隊です。

　この名前を聞いたほとんどの人は、名前のせいか、世界でも例がないからか、自らの混乱を落ち着かせるためか、「バーチャル組織ですよね？」と言いますが、いえ、実際に電通に部署として存在するリアル組織です。この本で初めて聞かれた方のために、Bチームのことを少し説明したいと思います。

　なぜBなのか？　2つ意味があります。

　ひとつは、**B面を持った社員が集まっているから。**電通社員としての本業（＝A面）以外に、私的活動、すごい趣味、前職、大学の専攻が特殊だったなど、個人的な側面（＝B面）を持つ社員をネットワークしています。

　2014年7月発足時は、9名から始めましたが、現在は56人。DJ、建築家、小説家、スキーヤー、平和活動家、AIエンジニア、プロダクトデザイナー、旅人、インスタグラマー、元銀行員、釣り人、教育者、e-sportsプレーヤー、ビールブロガー、漫画書評家、アートバイヤー、草の根フェス創始者など、1人1つ得意ジャンルを常にウォッチし、情報を収集、みんなで共有しています。

　いわずもがなですが、**情報を重視しているのは、イノベーションやアイデアの素材は、情報だから**です（ちなみにメンバーは「特任リサーチャー」、情報共有の会議は「ポテンシャル採集会議」と呼ばれています）。

　ふたつ目の意味は、「Plan B」や「Approach B」のB。今まで と「違う方法」のみを、世の中や企業に提供しているからです。カ タカナでいうと、オルタナティブアプローチ。

　日本では、世の中や企業が閉塞していると言われます。いや、世 界もそうかもしれません。じゃあ、どうすればいいか?

　今までの方法を変えればいい。そのために、新しい価値観や方 法論、プロジェクトを発表しています。企業から受注するときも、 これまで通りのものや見たことのあるものではなく、今までと違 う方法のみを提供してお手伝いしています(より詳しい話は、P14 の「Bチームを作ろう」の項をご覧ください)。

## キーワードは「パーソナル」

　あれは確か、発足してまだ間もなかった2014年の年末。「電通 のBチームってのを始めたんですよ」と、『Forbes JAPAN』の当 時副編集長だった藤吉雅春さん(現編集長)に話していたら、お 酒の力も加わってか、「面白そうだから、うちでその開発したコン セプト書いてよ」と言っていただき、2015年7月25日発売号から 「電通BチームのNEW CONCEPT採集」の連載が始まりました。 それから現在まで続く記事をまとめたものが、この本です。

　世の中には、特に広告会社関連には、たくさんのラボがあり、い ろいろなコンセプトや発想法が発表されています。また、それら をまとめた本は、世の中にもたくさんあります。しかし、我々が 提唱しているものは、それらと決定的に違う点が1つあります。

　それは、「パーソナルなこと」を重視していること。

　Bチームの方針は「Curiosity First」。好奇心第一。自分がいい と思うから、自分の興味をそそられたから、提唱する。個人的な 感覚、経験、直感、思いから発生したコンセプトのみが、この本

の中にあります。有識者が言ったから、海外で流行っているから、そういう受け売り的なものは、ここにはひとつもありません。舶来物の概念の輸入ばかりで、オリジナルがどんどんなくなっている日本から、新しいユニークなものが生まれるでしょうか？　他人のふんどしで相撲を取り続ける国家に、日本はなってほしくないと思います。

## "世の中が良くなる" コンセプト

　また、Bチームのvisionは「自分たちのデザイン」。自分たちが生きる今の世界には、なぜこうも違和感がたくさんあるのか？そう思いませんか？

　自分たちが生きているうちに、たくさんの共感する人々と協働して、自分たちの環境や時代をデザインしていく。変えていく。そのために、働いているわけです。なので、世の中が良くなる概念以外は提唱しません。つまり、一個人として、一日本人として、一地球人として、信じる、共鳴する概念しか提唱しない。ということ。

　広告系だと、マーケティングのために「〜世代」「〜消費」など、ターゲットを括って提唱するようなことが過去にたくさんありましたが、そういうのは絶対にNO。なぜなら、一個人として、好きじゃないから。

　そんなたくさんの個人の思いが集まって、Bチームのコンセプトはできています。だからでしょうか。おかげさまで、たくさんの方に共鳴いただき、人気連載として続いてきました。

　スタートアップの経営者や、大企業の新規事業部の方、専門領域を横断する学部の大学生、そしてお会いしたことはありませんが、元タレントのブルゾンちえみさんも毎月読んでいただいているとか。

　**個人の思いが、個人に届く。**当たり前のことですが、最近おろ

そかになっていることだからなのかもしれません。

『Forbes JAPAN』の藤吉氏と決めた連載のルールは、**読んだ人が
すぐ応用できること**と、できれば記事から**立体的に何かが起こる
ようなものにすること**でした。
　実際、記事にしたコンセプトについてトークセッション化した
り、ワークショップとして企業に提供したりしてきました。今回
はKADOKAWAさんのお力を借り、本という形でまとめて、みな
さんにお届けします。お読みいただき、みなさんのお仕事や組織
の参考になり、そして新しい何かが生まれる一助になれば幸いで
す。

　この世に生きている人は、全員この世についての「有識者」だ
と僕は考えています。あなたも、僕も、同じ時代、同じ世界に生
きる有識者。この社会の違和感をなくし、少しでも良くしていく
ことを、一緒にできればと思います。個人の思いをベースに。才
能やエネルギーを出し合って。Curiosity Firstで。

電通Bチーム
代表 倉成英俊 & メンバー一同
2020.4.30

# ニューコンセプト大全
# CONTENTS

# chapter.2

# 「壁」を越える＆壊すニューコンセプト14

# chapter.3
# 「逆」を行く ニューコンセプト 13

# chapter.4

# 「既存」を最高に生かす ニューコンセプト12

chapter. 1

# 「個人的」が生む
# ニューコンセプト11

元をたどれば、新しい何かはすべて、パーソナル
なことから生まれている。個人的な感情、感覚、
誰かを助けたいという思い、怒り、夢、閃き etc。
先が見えないと言われる現在。まずは、この世界
の最小単位である個人に立ち戻りたい。自分は
今、何を思い、感じ、生きているか。誰かの受け
売りではない、紛れもない一個人のリアル。この
時代に生きる人は全員この時代についての有識
者だ。個人的なことから、現在と未来を良いほう
に変えていく、新しい何かを生もう。

CEPT

## 01

新しい方法を作り出す奇策チーム

# Bチームを作ろう

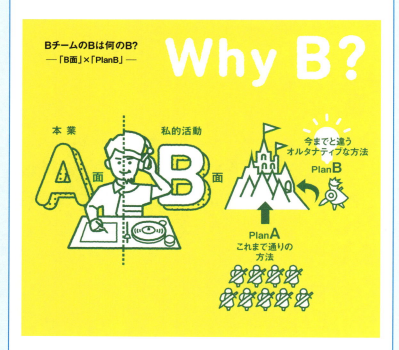

2019.09

組織や物事が閉塞しているのなら、違う方法に切り替え、新しい未来に向かえばいい。そんな方法を提唱し続ける電通Bチーム誕生のきっかけとは？

**倉成英俊**
電通Bチーム コンセプト担当特任リサーチャー。1975年佐賀県生まれ。気の合う人々と新しい何かを生むことをミッションに、公／私／大／小／官／民関係なく活動中。

## ■ 電通Bチームはどうやって生まれたのか？

電通Bチームは、2014年7月1日に誕生しました。きっかけは、上司の一人からの「電通総研で、キュレーションチームを作ってほしい」という依頼、これを断るところから始まります。

キュレーションという流行語（当時）がイヤだったんですね。ただし、総研にクリエーティブが入るのは面白そう。そこでこんな会話をしました。

僕には、広告会社としての「良い仕事」についてひとつの指標があります。それは**「新しい価値観へのシフト」**を手伝っている、ということ。それが広告であれ、事業であれです。

だから、**一個人として気づく新しい価値観やコンセプト**を、誰にも頼まれていないのに、察知したり、作ったりする、そんな部署ならやります、と答えました（そのストックから書いているのが本書のもととなった『Forbes JAPAN』の連載です）。

続いて、上司からは「2年以内に成果を出してください」と言われました。そこでひとつ確認しました。「方法は問わないですか？」と。新しいことは指示されては作れないからです。答えはOK。「ではやります」と受けることにしました。

ただ、「新しいシンクタンクを組織して、2年で成果を出す」のは相当ハードルが高いことです。人集め半年、リサーチ1年、コンセプトメイクと発信で半年。それで成果が出るかは博打だなと。

しかし、そのとき閃きました。**「リサーチの時間をゼロにできるかも」**と。

広告業界は、社業以外に、私的活動（副業とは呼ばないそうなのでここではこの呼び名で）をしている人が多数いる歴史があります。加えて、転職してきた人、大学時代の専門が特殊だった人もいる。この社員たちがすでに持っている情報をネットワークすれば、リサーチなしで始められる、と。

実験として、まず8人の社員に声をかけました。DJ、小説家、スキーヤー、元編集者、世界中で教育を受けたコピーライター、平和活動家、元銀行員、社会学に詳しい先輩、と僕。

そして何も調べず、すでに知っている情報だけの共有会を開きました。その会の面白いこと。ああ、これでいけるなと確信。インスパイアされる情報をより多く集めるためにジャンルを増やしているうちに、56人になりました。

## 常に新しいことはBから始まる

名前については、元編集者社員の「Aチームだとセンター争ったり大変だから、新しいことだけできるようにBチームくらいがよくない?」の一言により、「電通総研Bチーム」と命名。組織改編とともに、その後、「電通Bチーム」となりました。

なので、実は、苦し紛れと成り行きでこうなったわけです。しかしただの偶然ではなかった。すべてが「B」の一文字で統合され、腑に落ちることになっていたので。なぜ「B」がハマったのか? 再整理するとふたつの意味がありました。

ひとつ目は、社員の個人的なB面を活用して、本業(=A面)に活かしていること。好きこそ物の上手なれで、モチベーション高く仕事ができる、そして、検索できない、体験に基づく活きた情報が入ってくるメリットもあります。イノベーションは違う情報の新結合。良い情報は必須ですから、すごい武器になります。

またふたつ目の意味は、「PlanB」や「ApproachB」のB。今までと違うプランや方法を生むということです。今日本が閉塞していると言われます。もしかしたら世界も。そんな時はどうすればいいか。方法を変えればいいのです。急に変えるのはリスクがある、という声が聞こえそうですが大丈夫。小さい実験からやればいい。これは、A面にはヒット曲、B面には実験曲を入れていたビートルズのレコードのリリース法と一緒です(諸説あり)。

常に新しいことは小さく、裏から、つまりBから始まるのです。

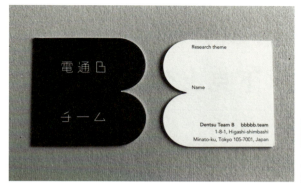

電通Bチームの
カード

チームメンバーが持
つカード。名前とB
面を手書きで書く

## ■ Bチームを作るコツ教えます

　最後に、**Bチームを作るコツ**。これをひとつだけ共有します。

　５年やってくると、Bチームがうちにも欲しい！　とのことで、教えたケースも多々あります。でもこれ、文化や業種などで変わるので、一概に言えないんですね。方程式はない。カスタムメイドの必要があります。

　そんな中でも、すべての場合で共通することがあります。それは、**「パーソナルなことを大切にする」**ということ。**変革は個人からしか生まれない**からです。

　一個人として、今自分が本当に思うことや感じることを大事にすること。70億人の中でその人だけが持つ才能や個性を活かすこと。それからしか、新しい、ユニークなことは生まれない。

　だから、**勇気を持って。自分たちが正しいと思うことをするのだ。そういう思いを中心に置くのがコツ**です。

**POINT**

　　行き詰まった現状を突破する方法は
　　常にBから生まれる。自分だけの才能や個性を
　　活かせるBチームを作ってみよう！

情報戦国時代をチャンスに変える

# 下克上タグ

2016.11

言葉の掛け合わせは大胆なアイデアの起爆剤になる。
その掛け合わせのちょっとしたテクニックで、
市場を勝ち取れる考え方を提案する

山田茜

電通Bチーム「ビューティ」担当。トレンド・インサイト分析が
好き。Forbes JAPANでコラム「経済を動かす『女子』の秘密」を
5年連載中。Instagram @chocolat.akane はフォロワー1.7万人。
運営するママキャリアブログは、月間5万PV。

## ■「知っている言葉×知らない言葉」の破壊力

「鬼嫁コンサルタント」という職業を、聞いたことがあるでしょうか？

　今、面白い肩書を自ら名乗る人が多く脚光を浴びています。「映画ソムリエ」という職業を自ら創り、従来の映画批評家とは異なる存在としてSNSで発信を続ける方。「ワークライフスタイリスト」と名乗って日本中で講演に引っ張りだこになった方。一瞬メジャーな職業にも聞こえてくるけれど、斬新で気になる存在です。

　もうひとつご紹介したい事例があります。

　SNSの中でも特に、ビジュアルコミュニケーションを活発化させたInstagram。そのInstagramで、毎週恒例行事のように同じタイミングで同じハッシュタグを投稿する人が集中する、不思議な盛り上がりがあります。

「#weddingtbt」というハッシュタグです。tbtとは「Throw Back Thursday」の略で、「木曜日に思い出を振り返ろう！」という意味の言葉。毎週木曜日「#weddingtbt」では自分の結婚式の様子や前撮りの写真などweddingにまつわる写真が投稿されています。「#wedding」のハッシュタグだけでは該当するものが多すぎて埋もれてしまうけれど、tbtという**初めて耳にする言葉が掛け合わさることで、知っている人だけが楽しめる、遊べるワードになれた**と考えられます。

　この２つの事例に共通するのは、**「知っている言葉×知らない言葉」として唯一の存在になることに成功している**点です。流行る言葉には、この法則があてはまるものが数多くあります。

## ┃「知る人ぞ知る言葉」の魅力はすごい

　聞いたことがある気がするけど、初めて聞く言葉。誰もが知っている言葉に括られながらも、掛け合わせる言葉の意外性によって**「知る人ぞ知る」言葉が、今ファンを多く抱え、愛されている**のです。

　先ほどの「ハッシュタグ」という言葉をご存じの方は多いと思いますが、「タグ」というのは、肩書やジャンル、カテゴリーと同義の言葉です。

　音楽の世界で熱狂を生んでいるタグのひとつに「ゴルジェ」というタグがあります。インドやネパールの山岳地帯のクラブシーンで生まれた音楽という触れ込みで、秘境の音楽が発見されたかのように売り出したところ大盛況を呈しました。しかし、なんとこの「ゴルジェ」、日本人数名がストーリーから何から秘かに創り上げたタグだったのです。

　面白いのは、すべてがフィクションであることがわかってからも、人々は面白がって、自分たちでゴルジェの原則にならってゴルジェの音楽を創り始めたことです。

　なぜか？

「ゴルジェ」が、**作り手自ら創り出したタグであるということが人々をより一層惹きつけた**のです。かつ、ただタグを創り出しただけでなく、まるで本当の伝統ある音楽ジャンルであるかのようにストーリーの作り込みが巧みだったというのも熱狂の理由です。

　ゴルジェをひとりで創り続けてきたというインド人DJの存在もフィクション。ゴルジェを生み出す上で影響を受けた音楽もフィクション、今ゴルジェに心酔している世界各地の人々の存在もフィクション、ゴルジェ音楽の４原則もフィクション。でも、そのフィクションすべての完成度の高さが、生まれたてのタグの正統性を担保しました。

## タグづけひとつで世界中の関心が個人に向けられる

**「既存の大きなタグにカテゴライズされて埋もれるより、新たな
タグを創り出してそのタグの中で第一人者になるほうが早い！」**
と考えた人が今、実際に世界を面白くしています。

　オンリーワンのタグを個々に追求していった結果、何が起きた
か。考えてみれば当然ですが、**タグの細分化**がものすごいスピー
ドで進んでいます。
　美容誌には毎月、たくさんのメイクトレンドが言及されますが、
その名前の細分化は圧巻です。「血色メイク」「おフェロメイク」
「血にじみメイク」「火照りメイク」…ほぼ同じ色、質感のメイク
でも、由来やルールが異なるだけでタグがさまざま。
　また、「イガリメイク」「クボメイク」「河北メイク」など、トレ
ンドのメイク手法にメーキャップアーティストの名字がつけられ
る流れも出てきました。

　自分で創ったものが何にタグづけされるのか、正確に括れる大
きなタグがなければ創ってしまえ！　とニッチな世界を狙って開
拓していく傾向が進み、細分化された世の中ができているのです。
　この状況を加速させている背景は、私は「検索」ではないかと
考えています。タグの種類が豊富であれば、それだけ流入経路を
数多く持つことになり検索にひっかかりやすい。細分化の結果ひ
とつひとつの流入経路は細くても、そこに熱狂的なファンがつい
てくることも多くなっています。

　**大きな流れに埋もれるのではなく、気になるタグを創り、第一
人者として新たな場を開拓する。**
　メディアでなくても、有名人でなくても、普通の一個人が「タ
グ」という「ひとこと」を考え出すことで自分の才能に光を当て

られます。まさに「下克上」が可能になるのです。

　自分の創ったものがまだ世の中に埋もれていたとしても、巧みなタグを創り出せば、世界中の人が目を留めてくれる今。

　個人の才能が100％開花される世界を創るために、『「下克上タグ」を自ら創り出す』という考え方を贈りたいと考えています。

**NEWest INFO**
## 下克上タグを体現した「ゆうこす」

　この原稿を執筆した後も、下克上タグを活用し活躍する人は、ますます増えています。

　なかでも「下克上タグ」を鮮やかに体現し、SNSの総フォロワー数100万人超え！　日本中の女子から圧倒的な反響を得ているのが、菅本裕子さん（通称「ゆうこす」）。「モテクリエイター」という職業を自ら創り発信する彼女への熱狂は、まさしく「モテたいと願う女の子」に対する世の中の価値観をポジティブに変えたからこそ起きたもの。「知っている言葉×知らない言葉」で唯一無二のタグを創り、世の中に定着した「価値観」を大きくシフトさせる。彼女の発信からは、下克上タグの大原則が見えてきます。

　2018年6月25日には、スペシャルゲストとして彼女を迎え、筆者も「下克上タグ」考案者として、藤吉雅春氏（『Forbes JAPAN』編集次長兼シニア・ライター）、倉成英俊氏（電通Bチーム　クリエーティブ・ディレクター）とともにトークセッションを行いました。

　『Forbes JAPAN』とアカデミーヒルズライブラリーとが共催したトークセッションのタイトルは、「『下克上タグ』が情報戦国時代をチャンスに変える!?」。

　私自らもInstagramやブログでの発信を続けているマイクロインフルエンサーとして、日々意識している新しい発

モテクリエイター
ゆうこす
SNSの総フォロワー数
100万人超え！ 「下克
上タグ」を体現する

信の仕方について語りました。

　下克上タグはSNS時代を生きる上でより一層武器になっていますが、SNSのような大海に発信する際に限らず効力を発揮します。**デジタルでもアナログでも。大人数に向けても、少人数に向けても。**

　自分だけの「下克上タグ」が、きっと新たな可能性を切り開いてくれると信じています。

**POINT**

**魅力的な「タグ」を創ることができれば、
個人でも、大きな組織にも勝てる情報発信ができる。**

人を惹きつける究極のモデル

# 「編集」から「偏愛」へ

編集から偏愛へ

low price < favorite

食パン偏愛

最初は、何もつけずに一枚
うっかりすると一斤食べてしまうほど →

トーストするとバターが程よく染み込む →

← 指で押すとゆっくり戻る

← 中はフワフワ・モチモチに

カットは専用ナイフを使用する
皿はパンが冷めないように温める →

← 外はカリッとハードに
噛むと香ばしい小麦の香り

2017.05

白いTシャツだけ揃えたショップなど、
なぜか人は偏愛に惹きつけられる。
このビジネスモデルが成立する時代背景とは

南木隆助
プランナー／アーキテクト。文化、空間、都市などの仕事に
かかわる。パリ魯山人展の設計、ユーグレナ社のオフィス設
計、築地場外のブランディングなどを手がける。Bチームの
専門は「ワークスペース」と「伝統文化」。

## 差別化を徹底追求した究極のビジネスモデル

近年「ひとつ」のものに「偏愛」的にこだわったビジネスが注目を集めている。これまでも、あるジャンルを集め「編集」的に扱う専門店やセレクトショップ的なものはあったのだが、**よりひとつにフォーカスし、濃い価値を生み出す**点で従来とは明確に違って面白い。

筆者がそれに気がついたのは2015年、個人的に和菓子の本を出版したときのことだ。

幼少期から食べてきた和菓子をつくる職人への想いが強くなり、彼の作品集をつくった。個人的な想いでつくった本で、研究者や出版社が出さない「偏愛」を体現した本だった。

そこが面白がられたようで、印刷費を募るクラウドファンディングや出版後の反響は大きかった。「偏愛」と言えるくらい細分化し、特化したほうが人の関心を引くのではと、周囲を探してみた。

すると、白Tシャツだけを何種類も売る、千駄ヶ谷の店「#FFFFFFT（シロティ）」や、3種類の食パンだけを扱い行列ができるパン屋、文房具マニアの小学生の夏休みの宿題が出版された文房具本『文房具図鑑』（山本健太郎著、いろは出版）など、多様なジャンルの「偏愛」で生まれたものが注目を集めていた。

徹底して絞った視点で、強い差別化につなげる。それは「編集」でできたセレクトショップ型のビジネスとは違う**「偏愛のビジネスモデル」**と言えるのではないか。

## 食パンへの偏愛が圧倒的な価値を持つ

そのひとつがセントル ザ・ベーカリーだ。食パンだけを3種類扱うという従来と違うパン屋に連日行列ができている。

セントル ザ・ベーカリーを経営するル・スティル社の代表取締役、西川隆博氏へのインタビューの機会をいただいた。

西川氏は兵庫県をルーツにする1947年創業のニシカワ食品の３代目だ。新規事業として2003年に「日本一高いパンをつくる」と、日本で最も高くおいしいバゲットを売りにしたヴィロンというパン屋をオープン。その後2009年の世界初のエシレバター専門店出店などを経て、2013年に食パン専門店セントル ザ・ベーカリーをオープンした。

　西川氏の話は明快だった。食パンは日本一食べられているパンであり、市場は大きい。１種類のパンに、素材や製造環境を注力すると圧倒的においしい食パンができ、それは**強い差別価値**を持つ。
　おいしい食パンの味は各人にお店で体験していただき、ここでは西川氏にお聞きしたなかで、「偏愛のビジネスモデル」ならではのユニークな戦い方に触れたい。

　たとえば、セントル ザ・ベーカリーはすべてが**「食パンの偏愛体験」**でできている。
　テイクアウトでは焼きたてのパンの湿気がこもらないよう煙突状に開けた包装で渡され、温もりとパンの香りが漂う。店内では、３枚の食パンを３種のバターとともに食べ比べるメニューがあり、比べることで、より味に敏感になるし、形やテクスチャーが違う食パンとバターが並ぶ様子は楽しい。
　食べ比べる食パンを焼くために、何種類ものトースターが用意され、焼き方の個性も楽しめる。すべてが食パンを楽しむためのまさに偏愛体験設計であると思う。

## 偏愛は均質化が進む時代の突破口になる

　また、セントル・ザ・ベーカリーには自社サイトがない。現代の情報発信のセオリーと違うが、「情報だけ取りに来てほしいとは思わない。いちばん濃い体験は食べることだからウェブサイトは

必要ないんです」と西川氏は言う。

　ただ「偏愛」ならではのことだと思うが、検索すると、多くの人がこのお店で食べられるパンのおいしさについて、体験した感動について発信している。このお店で食パンを食べる体験は濃い。だからこそ人は自らそれを発信する。ウェブサイトは今後も必要にならないだろう。

　そして、セントル ザ・ベーカリーは新規出店を極力避けていると西川氏は言う。

　これだけ行列ができ、評価されている店舗は、2軒目、3軒目と展開することが多いが、2013年以来、現在まで銀座一丁目の店舗しかない。「たくさんできれば普通のお店になってしまいますから」という言葉が印象的だった。

　規模の経済を追うのではなく、唯一無二であることを大切にするほうが偏愛的な強さを担保できるということなのかもしれない。

　ちなみに現在新規出店をようやく考えているそうだが、場所はパリ。セントル ザ・ベーカリーは国産小麦にこだわるため、パリにパン用の日本産小麦を輸出する。

　とても面白い。2軒目では、パリにない「柔らかい食パン」という唯一の価値で勝負をする。

　ひとつのことに「偏愛」的に特化することは、働く職人さんたちを食パンの世界に没頭させ、他を圧倒する食パンづくりにつながるそうだ。西川氏曰く「職人はまだ極められると言っている」。毎日行列ができるほどなのに、もっとおいしくしたいという欲求があることがすごい店舗になれる原点だと思う。

　今は多くの人が検索順位という形で機械的に編集された情報に触れている。セレクトショップの品揃えや、商業施設の店もどこか似ている。

こちらは3種類の食パン
と3種類のバターの
食べ比べセット

　似た条件下で効率を優先すると「編集」は傾向が同じになる。傾向が読めるものは最終的にAIでも代替ができてしまう。
　一方、**「偏愛」は人間ならでは**のものだ。気になることを、どこまでも突き詰めてしまう。**偏愛とは、機械化、均質化する世界で、ユニークなものを生み出すための、人間の強みを生かした方法論**ではないだろうか。さて、あなたの偏愛は何だろう？

（※取材内容は2017年当時のものです）

## 「偏愛」がどんなアクションにつながるか

　この原稿を書いてから2年半が経った。「偏愛」という言葉は紙面やニュースでもよく見聞きするようになり、「偏愛」的なアプローチを勧めるビジネス書なども目にするようになった。
　コラムを書いた時に比べて、**偏愛自体がだいぶ市民権を得ている**ように思える。

　同時に偏愛好きの自分としては日々増えていく偏愛の事例から、それをどんなアクションとして見るかも気になっている。

　たとえば、愛するものを研究して深め、新たな価値すら発見する「研究的偏愛」や、専門家ではない人の好きが高じて自分でもやってみて、熱烈な愛好者ならではの発想で新しいプロダクトを生み出す「実践的偏愛」など、偏愛の発揮の仕方がさまざまにあらわれてきたと思う。

　これからは自分の偏愛は何に対してのものかということと同時に、自らの偏愛はどんなアクションにつながるかもあわせて考えていきたい。

**POINT**

**効率が求められ機械化、均質化する市場の中で、「偏愛」が魅力的な商品やサービスを生み出す源泉になる。**

「ひとりのために」が、みんなのために

# Prototype for One

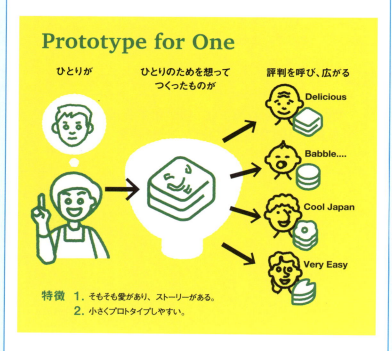

**Prototype for One**

ひとりが　　　ひとりのためを想って　　評判を呼び、広がる
　　　　　　　つくったものが

Delicious

Babble....

Cool Japan

Very Easy

**特徴**　1. そもそも愛があり、ストーリーがある。
　　　　 2. 小さくプロトタイプしやすい。

2015.11

困っている"あの人"を助けるためにつくってみたら、
実はみんなが欲しいものにつながる、
新しいアプローチ

**キリーロバ・ナージャ**
電通Bチーム世界の教育担当。
ロシア、日本、イギリス、フラン
ス、アメリカ、カナダ各国の現地
校で教育を受けた。その経験を
基にした絵本『ナージャの5つの
がっこう』（大日本図書）を出版。

**鳥巣智行**
長崎出身の被爆三世で、平和担
当。コピーライターとして新商品
開発から広告コミュニケーショ
ンまで手がける。五島列島の図書
館「さんごさん」共同設立者。最
近トゥギョウザーはじめました。

## 「大切なひとりのために」は「みんなのため」になる

　ニコマコス倫理学とホンダのスーパーカブ。この2つに共通していることは何か。実は両方とも、もともとは身近にいる大切なひとりのためにつくられたというルーツをもっている。

　ニコマコス倫理学は、古代ギリシャの哲学者アリストテレスが息子のニコマコスのために「正しい生き方」とは何かを検討すべくつくった学問。ホンダのスーパーカブは、本田宗一郎が戦後、自転車に荷物を載せて坂道をこいで買い出しに行く妻を助けるために、自転車にエンジンをくっつけた乗り物。

　家族、親戚、恋人、友人、ペット、お客さんなど、困っている人を助けるためにつくってみたら、実はみんなが欲しがっていたものだった。このコンセプトがベースになっている発明が世の中にはもっとたくさんあるのではないか。私たちはそう仮説を立てて、このコンセプトに沿ってつくられた発明をPrototype for Oneと定義した。そして、いざリサーチしてみると、誰もが知っているあれもこれもPrototype for Oneだったことがわかってきた。

## みんな大好き「カツカレー」もPrototype for One

　たとえば、世界中で「KUMON」として知られている公文式。

　高校の数学教師だったお父さんが、息子のために算数教材をつくったことから始まった。ルーズリーフに書かれた手づくりの計算問題を、毎日30分解いていた息子の学力はみるみるうちに上昇し、小6のときには微分や積分まで解けるようになったそうだ。

　この手づくりの教材はすぐさま近所でも噂になり、我が子にも指導してほしいという親が続出。それならばと、息子と同じように近所の子どもたちにも指導してみたところ、その学力はみごとに向上。こうした経験が公文公さんの自信につながり、算数教室を開いてみるキッカケになったそうだ。

　定番の人気メニューとして全国的に知られる「カツカレー」。こ
れも実は、店主がひとりのお客さんのためにつくったメニュー。

　銀座の老舗洋食店「グリルスイス」の常連だった読売ジャイア
ンツの千葉茂さん。彼は、決まってカレーライスと一緒にお店の
名物だったトンカツを注文しては、別々に食べていた。そんなあ
る日、千葉さんは2つを別々に食べるのは時間がかかることに気
づき、トンカツをカレーに乗せて食べるようになった。

　それを見た店主は、正式なメニューとして取り入れることを決
意。他のお客さんの間でも評判になり、今では多くのお店で出さ
れている。


　2007年の発売以来、2歳から5歳の子どもをもつ親の間で大ヒ
ットしている、自転車を改造した子ども用の乗り物「ストライダ
ー」。

　これもまた、アメリカの片田舎に住む父親のガレージから生ま
れた発明である。自転車に乗るにはまだまだ早かった2歳の息子
のために、市販の子ども用自転車のペダルとブレーキをなくし、子
どもが足で地面を蹴りながら前へ進めるようにした。

「ストライダー」は、子どもの好奇心を刺激し続けるだけでなく、
バランス感覚の向上にも役立ち、いざ自転車に乗る練習を始めて
も上達速度が上がると言われている。

　海外へ留学する子どもたちが遠く離れた海の向こうでも日本の味を手軽に食べられるようにするにはどうしたらいいだろう。二十数年前、子どもの栄養や健康を心配する母の想いから生まれた発明もある。

　母は、麩の焼き（小麦粉が主体の和菓子）の最中に乾燥させた野菜や麩などたくさんの具を詰めることを思いつく。それに金沢風の粉末だしを添えれば、手軽なお吸い物「宝の麩」が完成。子どもたちに持たせてみたところ、現地に住む他の日本人の間でも「手軽でおいしい」と話題に。多くの人から贈り物として依頼されるようになったことから、商品化へ踏み切った。

## 大企業のマーケティングを超える解決策

　さまざまな事例を集めていくうちに、そこには多くの大企業が使うペルソナマーケティングにはない利点がたくさんあることに気づいた。

　たとえば、Prototype for One の場合、ターゲットである「ひとり」が実在し、しかもすぐ身近にいる。よって、「ターゲット」の行動や習慣などの観察がすぐできて、潜在するニーズやその人が抱えている課題も発見しやすい。

　こう困っているから、こういうふうに助けられるはずだ。そこから導き出される解決策には、自然とその人ならではのストーリーが内包される。身近な人だから、想いがあるから、プロトタイプをつくるモチベーションだって上がる。また、そのひとりを相手に、瞬時にトライアル＆エラーをしながら改善を繰り返すことも可能だ。

　Prototype for One は、新しいイノベーションへのアプローチになりえるのではないか。これを次の仮説とし、検証するために周りの人に Prototype for One を考えてもらうとどうなるのか、本

当にここに書いたような利点を含んだアイデアが集まるのか試してみることにした。

　約50名の年齢も性別も専門性も異なる人に、自分の身近な誰かのためになるアイデアを自由に考えてもらった。

　2週間という短期間で100案を超える多様なアイデアが集まってきた。薬が苦手な息子のためのパッケージ、寂しがりやのインコのための音声教材、ゴキブリが苦手な妻のための道具……そのどれもがユニークだった。誰かひとりのためを思って企画をすれば、すべての人が素晴らしい企画者になれる。その可能性を信じたい。

**薬が苦手な息子のためのパッケージ**
嫌いなものと好きなものをドッキングさせる
アイデアで、息子は薬を嫌がらなくなった

**ゴキブリ捕獲器**
誰でも簡単に作れる2種類のローテク
ゴキブリ捕獲器。嫌われ者のゴキブリ
もこれでイチコロ

## 大切な人の「悩み」や「欲望」の引き出し方

　その後、Prototype for Oneはさまざまな企業の新商品開発や企業研修のプログラムとして活用される人気メソッドとなった。

　日本中のマーケターが集まるマーケティング総合大会でもワークショップを実施。お題は「世界初の新しいパン」を企画する。あまりに身近な題材なので面白い企画が生ま

れるか少し不安もあったが、いまだかつて見聞きしたこと
がない世界初のパンのアイデアが、100以上も生まれた。

イベントだけではない。某飲料会社で実施した商品開発
ワークショップで生まれたアイデアのひとつは**実際に商品
化され、全国に流通する商品となった**（みなさんも手に取
った可能性大）。

ワークショップを繰り返す中で、**大切な人の「悩み」や
「欲望」をどうやって引き出すのか**に関してはブラッシュア
ップを重ねている。

メールやラインでのやりとりを振り返ってもらう。SNS
の投稿を参考にする。その場でメッセージを送ったり、電
話をしてもらったりする。人気占い師に話の引き出し方を
レクチャーしてもらったりもした。

よく知っていると思っている身近な人でも、ちょっとし
たリサーチをしてみるだけで、知らない一面が見えたりす
るものだ。そこから企画をするだけで、いつもとまったく
違ったアイデアが生まれるので、ぜひ一度試してみてほし
い。

**POINT**

製品やサービスを企画するときは、
まず、身近なひとりの人のために考えてみる。

「つい」やってしまう行為＝業をキャリアや起業に活かす

# 業活
ごう　かつ

あなたの「業」は何ですか？
── ネガティブが転じて莫大なエネルギー ──

幼児期

過去

後悔

思春期

反抗期

挫折

BACK GROUND

現在
過去を見つめ直すと、
「つい」やってしまう“業”がある。

未来

起業

ライフワーク

天職

CAREER

支援事業

社会活動

2019.11

古代インドで発祥した一見ダークな概念「業」。
転職や起業、仕事の優先順位に至るまで、悩める現代人に
強力な指針を与えるものとしてアップデートしてみよう

小林昌平

電通Bチーム哲学担当。電通トランスフォーメーション・
プロデュース局エヴァンジェリスト。複眼的で包括的な
アイデア発想と粘り強い実行が「業」。スクーでの講義や
哲学×DXワークショップが好評。

## ■ 欠点や負の部分にこそ活路を見出せる

街を歩いていても、SNSを開いていても、「これをやったら幸せになれる、これを学んだら生き残れる」と、見るものすべてが自己実現欲求をあおり、何をやっていいか迷う「選択肢地獄」の世の中。キャリアでもプライベートでも、今こそ自分を見つめ直すことが必要なのではないでしょうか。

そこで、あえて一見後ろ向きな「業」という概念を提案したいと思います。「業」とは一般には、「あの人も業が深いよなあ」というように、その人の生い立ちや家庭環境などの来歴、自分ではどうしようもできない因縁やもって生まれた煩悩のことを指します。
「業（カルマ、karman）」という言葉はもともと、人間は逃れようのない行為にとらわれているという古代インド思想（ウパニシャッド哲学）の概念です。衆生（人間）は過去に積み重ねてきた行為（業）の膨大な反復によって、これからも同じようなパターンをぐるぐると繰り返すのだ（このことを指して「輪廻」と呼びます）という世界観をなすもので、そこにポジティブなイメージはありません。

しかし見方を変えれば、**「業」はその人のライフワークとして、ある意味で絶対的な強みになる**ものだったりします。周囲には理解できないような執念やこだわりが実は過去の経験に根ざしていたり、無意識に続いてきた癖や習慣だからこそ、「絶対にやってやる」という強い気持ちや人一倍の適性をもつことがあります。ドラッカーは「強みの上に築け」と言いましたが、履歴書に書くようなキラキラした強みよりも、**欠点とつながっていたり、負の部分を含んでいるからこそ、底なしのエネルギーが湧いてくる**気がしませんか？

## ｜「業」はプロフェッショナルへの最短経路

　たとえば、誰より早く草創期のFacebookに投資したことで知られるピーター・ティール。彼はスタンフォード大学で哲学を学び、他人との競争に巻きこまれず、「自分だけが気づいており、賛成する人がほとんどいない大切な真実」を追求する「逆張り戦略」を確立させています。西海岸陣営であえてトランプ支持に回り、「第三次世界大戦」に備えてニュージーランドの永住権を得るなど、どこまでも他人と違うことをやろう、他人と同じ土俵に立たないという姿勢には、大学時代に「多文化主義」の仮面をかぶった集団主義に反発した経験（『The Diversity Mith』）から、他者を真似するのでなくゼロから１を生み出そうとする彼の「業」がみてとれます。

　同列に論じるのもおこがましいですが、筆者の「業」についても少し。一族に芸術家や建築家のいる学究肌の血と、ショービジネス系の「俗」な血のあいだで生まれ、少年期の「自分って何？」気質が封印されたミーハーな高校時代を経て、東大合格を蹴った

**『仏教思想の
ゼロポイント』**
（魚川祐司著、新潮社）
業や輪廻など原始仏教の考
え方を平易に解明した好著

**『ゼロ・トゥ・ワン』**
（ピーター・ティール著、NHK出版）
仏哲学者ルネ・ジラールの
「ミメーシス（模倣）理論」に
影響を受けた「逆張り思考」。
母校スタンフォード大学で
の講義録

**『その悩み、
哲学者がすでに
答えを出しています』**
（小林昌平著、文響社）
わかりやすく深い哲学入門
書としてロングセラーに。
「業」の人・親鸞も登場

ことで人生が暗転。難解な本を読みふけって暗黒時代を切り抜けたことで哲学が「業」となり、深遠な古典と世俗的な悩みを結びつける拙著『その悩み、哲学者がすでに答えを出しています』（文響社）を出版するに至ったのかもしれません。

「業」とは表立ってスペックというには気が引けたり、お金になるわかりやすい価値とは一見程遠い、**自分としては過小評価している無駄な情熱**。

　そこまでやれと言われてないのに、誰に頼まれたわけでもないのに「つい」考えすぎる。「つい」手を動かしてしまう。「つい」やりすぎてしまうもの。傍から見て「努力の塊」でも、本人は努力しているとは思っていません。他人より長時間取り組むことが苦でないどころか、息をするように無意識にやってしまっているだけなのです。

「業」とは古代ギリシャ哲学で言うならば「アレテー（長所・才能）」であり、認知科学で言えば、過去の経験に基づいて世界を見るその人なりの型や枠組み、認知パターンである「スキーマ（schema）」のこと。だとすれば自分のスキーマを他人様のお役に立つところまで磨き上げればいいはずで、**「業」はプロフェッショナルへの最短経路**といえるでしょう。

## 「業」は生きるエネルギーを与えてくれる

「業」につながる仕事はどんな分野であれ、何事かをなし遂げるにあたっての、しんどい時期を生き延びる「レジリエンス（粘り強さ）」になるものでもあります。

　スタートアップ界隈では、（『起業の科学』の著者・田所雅之氏によれば）「Founder-Issue-Fit」＝起業家（の業）とその解決したい課題（事業）が一致していること、つまり「数多ある事業テーマからどうしてその事業を選んだか」が重要であり、その必然性や宿命性が目標達成前に訪れる孤独でつらい夜を支えるといわれます。

しかし、何も新しいヨコ文字を持ち出す必要はありません。「Founder-Issue-Fit」が言わんとすることは、「業」という遡ること数千年の古代インド哲学に淵源（えんげん）するコンセプトに集約されているのです。

　「業」とは今まで目をそむけていた、向き合うのを避けてきた自分の来歴や性癖であり、そこにこそ**ポジティブに転ずる莫大なエネルギー源、豊饒な鉱脈が眠っている**ということです。

　明日から私は何に力を注ごうかというとき、自分の足元にある「業」を見つめ直すことからはじめてみると、信じられないほど大きな力が湧いてくるかもしれません。

　あのゲーテが「星のごとく急がず、しかし休まず、人はみな、己が負い目のまわりをめぐれ！」と言っていますが、この**「負い目」こそまさに「業」**にほかなりません。

　過去と未来が輪廻する「業」をキャリアに活かす**「業活」**は、転職や起業だけでなく、すべての人にとって本質的な、生きることそのものだと思うのです。

　あなたの「業」は、何ですか？

**POINT**

**マイナスにとらえがちな自分の来歴や性癖である「業」は、ポジティブに転じれば何かをなし遂げるエネルギー源となりうる。**

自分のバイアスを他力本願で突破する

# 「マイ賢者」発想法

2019.05

アイデア力に自信がある人でも思考が偏ったり、
バイアスがかかってしまいがち。
それを打破できるのが「マイ賢者」だ！

吉田将英

電通Bチームゲスト。若い人との共創プロジェクトを
通じてのコンセプト採集が得意領域。本業は経営者と
の未来共創プロジェクトのデザイン。著書に『仕事と人
生がうまく回り出すアンテナ力』(三笠書房)がある。

## 「マイ賢者」を見つけ、積極的に頼ってみよう

　新しいアイデアを発想するとき、着想のヒントをくれる「賢者」のような存在がいたら……。著名な経営者や政治家の専売特許のように思われがちなこの存在が、工夫次第で誰でも持てるようになるかもしれない。いってみれば **「マイ賢者」**。その萌芽が、若い人たちの日常から見えてきます。

　漢方を現代の女の子にライフスタイルとして提案しているブランド「DAYLILY（デイリリー）」。
　私の元同僚の小林百絵さんが始めたスタートアップですが、そのきっかけは大学時代、もともと知人だった王怡婷（オウ　イ　テイ）さんの漢方に関する修士論文制作を手伝ったこと。漢方の奥深さや可能性に魅せられた小林さんが王さんに起業を持ちかけ、DAYLILYは始まりました。
　王さんという、いわば **マイ「漢方の賢者」が身近にいたことで新たな価値が生まれた** わけです。

**DAYLILY**
創業した小林百絵
さん（左）と王怡婷
さん（右）

　私が所属する電通若者研究部では社会と学生の共創プラットフォーム「βutterfly」という取り組みをしており、そこでのワークショップで大学生の皆さんが出した「やりたいことのかなえ方」

の未来の仮説からもその兆しは見られます。

「とりあえずYouTubeで宣言」「Twitterで目標を発信」「クラウドファンディングで支援を募る」などなど、他者に告げることから始めようというものがとても多かった。

自分だけでなんとかしようとせず、かといって他人に丸投げして自分で努力しないわけでもない。いわば「積極的他力本願」。

すでにアテにしている誰かだけでなく、思いもよらない「マイ賢者」の偶然の発見も期待しつつ、個人版オープンイノベーションを実践しているわけです。

## お互いを「マイ賢者」にしてアイデアの価値が２割増し

大企業の若手有志団体のコミュニティ「ONE JAPAN」も、業界や専門性を超えた交流によってお互いを「マイ賢者」にし合っています。

企業同士のやり取りの多くを占める「目的ありきのつながり」では生まれにくい、「つながりから始まる新たな"目的の発見"」が創出され、メンバーの一人として私自身も、このつながりが日ごろのあらゆる業務のアイデアの価値を２割増しにしてくれている感触があります。

このように、自分の興味関心トピックそれぞれに「マイ賢者」を自覚的に持っておくことで、効率や創造性が高まります。

たとえば、マイ「コーヒーの賢者」は職場のＡさん。マイ「地方移住の賢者」は大学時代の友人Ｂさん。マイ「写真の賢者」は隣に住むＣさん……。

自分の脳の中に頼れる知人が居並んでいるイメージを持つことで、問題解決のスピードは格段に上がります。直接聞いてしまうのもよし。「彼ならどう考えるだろうか」と自分の思い込みを外すための指標にしてもよし。実際に巻き込んで一緒に進めるのもも

ちろん有効です。

　若い人たちの仮説や行動が示す通り、テクノロジーやツールの発展によって他者との距離や関係性を縮めやすくなり、ラフな問いを広範に投げかけられるようになりました。

　また、「そこまで親密じゃない」「最近あまり会っていない」知人に対しても、軽やかに連絡を取れるようになったことも「マイ賢者」を活用しやすくなった背景かもしれません。

　「マイ賢者」の効き目は情報収集だけではありません。

　たとえば、自分ひとりで考えているときに陥りやすい**「盲点」「バイアス」を打破してくれる効果**。また、人に聞いたほうがほどよく「ノイズ」が入り、それが思いもよらない発想のジャンプにつながることも。

　かつてシュンペーターがイノベーションを定義づけた「新結合」が、情報収集に好ましい雑味が入ることで起きやすくなる感じ。加えて、生み出された瞬間にすでに「関係者・応援者」がいる状態になるので、実現意欲を高めて取り組むことができます。

## 「マイ賢者」をつくるコツ

　どうやったら「マイ賢者」を持てるのか。それは**「普段の知り合いの、『知らない顔』に目を向ける」ことから始まる**かもしれません。

「賢者」というと、社会的に名の通ったすごい人をイメージしがちですが、「マイ賢者」の場合は、世の中ではなく「自分にとって」どうなのかが大事で、いつも接している身近な人にも可能性はあります。

　"会社の上司"としか見てないおじさんが「コーヒーの賢者」かもしれないし、"大学時代の同級生"としか見てない腐れ縁が「M＆Aの賢者」かもしれない。

　**顕在化している関係性とは異なる「知らない顔」を見出すことが、「マイ賢者」を創るコツ**。そのためには「雑談」がカギになります。もらった知恵がどう活きたのかを雑談で返すことで対話が生まれ、さらに知恵をもらいやすくなっていくはずです。

　これまでのやり方が通用しない不確実な時代だと言われて久しいし、加えて時間と労力には限りがあり、可能性や選択肢の取捨選択が必要です。他方、レコメンドや最適化だけでは、「知らず知らずのうちに自分が見たいものだけを見ている」というフィルターバブルにはまり込んでしまう恐れも。
　そんな中、「自分の視野や思い付きの限界を戦略的に超える方法」を、若者たちは無意識に取り入れているのかもしれないのです。

　日本企業がよく指摘されている「自前主義の弊害」に対して、「β版発想」「オープンイノベーション」などのアプローチが盛んですが、その個人版ともいえる知恵が、日々の創造性を上げてくれるかも。

**POINT**

**いろいろな分野で、頼れる「マイ賢者」を
自分の周囲につくると、日々の創造性が上がる。**

万人受けする「インスタ映え」の先へ！

# ストーリージェニック

**ストーリージェニック**

万人受け狙いの「インスタ映え」より、
「一部の人だけわかるストーリー」が新しい価値を生む

STORY

世界で一つのデニム

いいね！

いいね！

無垢の
デニム

荒波　風雨

漁師さんによる
一年間の漁

ケミカルウォッシュ
では得られない
価値と満足感

よくある「いいね！」から　　　心に響く価値感へ

2018.01

「インスタ映え」がおなじみの今だからこそ、
モノの見た目には表れない「ストーリー」に目を向け、
「ストーリー映え」を意識してみよう

**中島英太**

電通Bチームのフェス／DIY担当。クリエーティブ・ディレクター。
これまで数百本のTVCMを企画。現在は広告クリエーティブの
スキルを拡張し、事業開発や経営戦略の領域でも活動中。個人的活動
として毎年上野で音楽フェスを開催している。

## 「インスタ映え」よりも「ストーリー映え」

最近は「インスタ映え」という言葉も食傷気味。飾り付けられたパンケーキやかわいい子猫に罪はないが、そろそろそういうのは結構という方も多いのではないかと思う。

個人的には、見た目は普通でも、その奥にあるストーリーによって価値の高められた「ストーリー映え」するモノに惹かれている。今回、これを「ストーリージェニック」と呼んでみることにした。

写真におけるエフェクトやライティングと同じく、**ある種のストーリーもモノの価値を底上げ＝盛ってくれる。**

時には質素なモノすらとてつもなく素晴らしく感じさせることもあり、それをこの国では「わびさび」と呼び、大事にしてきた。

わびさびの神様、千利休に「一輪の朝顔」という有名な話がある。秀吉を屋敷に迎えた際、利休は庭に咲いているすべての朝顔を切り落とし、茶室のたった一輪の朝顔を引き立てたという。

一輪しかない朝顔はインスタジェニックではないけれど、**めちゃくちゃストーリージェニック**である。もし利休がインスタ映えを狙っていたら、見渡す限り朝顔で埋め尽くしたことだろう。利休の時代から450年──ストーリージェニックな３つの事例を、ご紹介しよう。

## ストーリージェニックのコツは万人受けはしないこと

### 事例①「幻の湖から生まれたワイン」

もともとワインはそのストーリー（歴史、風土、作り方など）を含めて味わうが、さらにストーリージェニックにしてつくられたワインがある。

富士五湖のあたりに数年に一度出現する湖・赤池。この幻の湖からワイン酵母を採取、培養し、ワインをつくった。

飲んだだけでは美味しいということ以上はわからないと思うが、背景を知ったらすごくありがたく感じる。ちなみに発売と同時に完売。

### 事例② 「漁師が履き込んだデニム」

新品のデニムをさまざまなリアルワーカー（農家、漁師、大工など）に1年間履き込んでもらい、それを商品として販売。

それぞれの職業特有の表情になったデニムは色落ちや状態によって値付けされ、漁師が履いた定価2万2,000円の商品には4万8,000円の値が付いた。

「最新のテクノロジーで絶妙な色落ちを再現した製品」だったら、この値がついただろうか。

**ONOMICHI DENIM PROJECT**
厳しい条件のなか漁師が履き込んだデニムには、ひとつとして同じものはない

これらはストーリージェニック発想の新しいモノづくりといえるが、一方で、**従来からあるモノをストーリージェニックに仕立て、価値を高めるという手法**もあるのだ。

### 事例③ 「ストーリー型不動産サイト」

東京をはじめ全国で展開する「東京R不動産」や湘南密着の「エンジョイワークス」など、立地や面積、築年数といった数字中心のスペックでなく、その物件の持つストーリーに着目した不動産会社が元気だ。

「古いが味がある」「超狭いが絶景」「不便だが気持ちいい空間」など、スペック的には弱い物件も、住む人の気持ちに立つと新たなストーリーと価値が見えてくる。読み物のようなウェブサイトは、眺めているだけでワクワクする。

　以上の事例に共通するのは、扱っているのが**万人誰もが「いいね！」と思えるようなストーリーではない**ことだ。

　安定した品質、わかりやすい価値、安心感といった「正解」を求める人だったら、幻のワインにも、お古のデニムにも、珍物件にも魅力を感じないだろう。

　デザインや機能と違い、目には見えず数値化もできないストーリーの価値は、すべての人が理解、共感できる類のものではない。

　だからこそ、そこに価値を見出すことができた人は、強い喜びと深いつながりを感じるのだ。「自分は、これがわかる人間だ」。一輪の朝顔の意味を理解した秀吉も、きっとそんな気分だったにちがいない。

## 時代へのアンチテーゼも強いストーリーの源

　写真の撮影にたとえると、ストーリーとは、時代という背景の前に置かれた被写体のようなものだ。

　価値観、常識、風潮、センスといった時代背景の前にどんなストーリーを置いたら際立ち、魅力的に見えるのか。

　白い背景の前に白い被写体を置いても目立たないように、単に時代に合わせているだけでは印象の薄いものにしかならない。

　異なる色を打ち出してみる。時代の逆張りをしてみる。デジタルに対するアナログ、大量生産に対する手仕事、効率に対する豊かな無駄、論理に対する直感。そういった**時代へのアンチテーゼが、触れた人に発見と驚きを与え、強いストーリージェニックの源となる**。

　世の中にマッチしているだけでは足りない。トライする必要が

ある。戦国時代に現れた利休が、戦と黄金の茶室を好むような秀吉に、質素の中の美を説いたように。

　いまや世の中の多くのモノが、嗜好品化してきている。価値や豊かさの再定義があちこちで行われ、**人々はますますストーリーを欲している。**

　ストーリーをつくるには、工場の新しいラインも飛び抜けた新技術もいらない。しかも、ストーリーはコピーされにくい。必要なのは、自分が本当に良いと思うモノを信じ、それを世に送り出す勇気。

　もしもあなたのストーリーが、今の時代や常識、風潮に合っていなかったとしても、がっかりすることはない。それは、「新しい時代をつくる芽」という証しだ。

　さあ、あなただけのオリジナルなストーリーを突きつけよう。どんなにやりすぎたって、利休のように切腹させられることはないのだから。

## NEWest INFO
## 要注目は「ヒストリージェニック」

　ストーリーによってモノの価値を高めようという手法が、最近はもはや濫用されている気がする。「ごく平凡なものなのにストーリーだけはやたらと立派」とか、「ストーリーの押し付けが過剰」とか。自分語りがすぎる人のようで苦手。**何事もやりすぎ・盛りすぎは良くない。**

　そういった観点で私が今いちばんシビれるのは**「ヒストリージェニック」**だ。歴史だけは嘘をつけない。簡単には作れない。「別になんも大したことなんかやってないよ。ただ長くやってきたことだけが取り柄」と大将がうそぶくよ

うな居酒屋に惹かれるのである。

　誇れるストーリーなんかなくたって、あなたが今日も生きていることに拍手。確実に歳を取っている自分への擁護という気がしなくもない。

**POINT**

世の中の風潮に流されない
オリジナルな強いストーリーが
モノの価値として求められる時代が来ている。

クスリとは違う、意外な効果

# 体験の処方箋

**体験を処方する**
心身ともに調子が悪いとき、クスリ以外にも選択肢はある。

山登り

Medicine
（クスリ）
↓
Experience
（体験）

モヤ
モヤ

カテドラル効果

交代浴
お湯43℃
水21℃

ダイビング

スパイスの効いた
カレー

2018.09

病気に薬が効くように、調子をよくする「体験」を
処方してみるのはどうだろう

山根有紀也

電通Bチーム薬学担当。プランナー。自動車会社
新規事業部門に出向中。薬学専攻→電通→事業
開発と立場を変えつつも一貫して「人の知覚と
認知の仕組み」に興味。趣味は街歩き。

## ▌人間の心は体験に大きく左右される

「カテドラル効果」をご存じでしょうか。

日本語に直すと「大聖堂効果」であるこの言葉。天井の高い空間にいると、人は知らず知らずのうちに抽象的・哲学的なことを考えてしまうというものだ。

そう言われれば確かに、ギリシャ時代にプラトンやソクラテスが哲学議論を交わした「アテネの学堂」（ラファエロ作）の天井は見上げるほどに高いし、ホテルのロビーや教会にいると、上をぼんやり眺めながら自分の人生や将来に思いを馳せてしまうような気がする。

どうやら、人間の思考・気持ちというものは、僕らが考えている以上に「どういう環境でどういう体験をするか」に影響されるものらしい。先の例でいうと、「天井の高さゆえに空中に思わず視線が向き、降り注ぐ白い自然光が目に入り、自分の声が上方に広がって反響し、まるで上から降ってきた音であるかのように耳に入る」という一連の「体験」が、あなたを哲学者に変えている、といった感じだろうか。

「アテネの学堂」と
カテドラル効果

空間の天井の高さは、人間の心理を大きく左右する。一般的に、高い天井は抽象的な、低い天井は具体的な思考を導くと言われている

逆に考えると。もし自分の状態がさまざまな「体験」からつくられているならば、どんな体験をするかによってある程度自分を

コントロールできるはず。

　それがここでのコンセプトである「体験の処方箋」だ。病気になると病院で「薬を処方してもらう」のと同じように、自分の状態を変えたくなったら、自分に「体験」を処方してみるのはどうだろう。

## 自分に体験を処方してみると……

　たとえるならこんな感じだ（脳内の対話です）。

「今日は、どうされましたか？」
「……なんか最近頭がぼーっとするんですよね。土日もぐったり寝てることが多くて」
「もしかして、ここ数カ月、会社と家の往復ばかりで、都会から外に出てないのではないですか？」
「そう言われれば……最近、緑を見てないかも」
「では、都市生活を脱出して自分を変える処方として、日帰り登山、１回分出しておきますね。今週末6:46新宿発のホリデー快速で奥多摩に向かってください。途中の湧き水と頂上の神社参拝を忘れずに」

　──確かに、早朝から山に登り始め、太陽の下で汗をかきながら山道を抜け、ようやく頂上に着いてパッと顔を上げたその瞬間、喉の奥に清涼な空気が流れ込み、目には青と白と緑の高コントラストな風景が飛び込んできて……という一連の体験には、「自分のすべて」を変える力がある。

　登山経験者には共感していただけるだろうが、昨日までの自分は何だったんだろう、何に悩んでいたんだろう、と思わずにはいられない何かが、その体験には宿っている。

　もうふたつほど個人的な体験処方例を挙げてみよう。

①仕事や生活で、心が荒んでしまったときは。 —— 帰り道に銭湯
へ。43℃くらいの熱い湯船に、額に汗がにじみ出るまで浸かり、
その後水風呂に喉の奥がひんやり冷たさを感じるまで入るという
サイクルを、3〜7回繰り返す。

「交代浴」と呼ばれる素晴らしい発明なのだが、どんなに疲労困
憊していても1時間銭湯で過ごすだけで全身が整い、人生はなん
て素晴らしいんだろう、世界中の人よ幸せであってくれと願って
しまうくらいの余裕が心に生まれる。

②せっかくの休日。何かしたいけれどもどうにも体がだるく、何
もやる気が出ない朝には。 —— お昼に向け、スパイスからカレー
をつくる。カルダモン、クローブ、クミンなどのスパイスを油と
ともに火にかけると、いつもの部屋が途端に異国のバザールのよ
うな香りに包まれる。

玉ネギとトマトを炒める香ばしい音を耳に入れながら少しずつ
体を目覚めさせ、出来上がったカレーを口に入れると、発汗作用
や代謝活性作用で全身が熱くなる（これは文字通りの薬効）。食べ
終わるころには、さあ午後から何しよう？　という気持ちになっ
ている（※体験の効果には個人差があります）。

## 記録をとって、自分に作用する「体験」を見つけてみる

「薬ではなく体験」と言うと唐突に聞こえるかもしれないが、す
べての「体験」は、五感（＋第六感）で受け止め、心と頭で処理
され、さまざまな感情や状態をもたらしてくれるという意味で
「薬」と同じだ。

少しだけ専門的になるが、「薬」の定義は体内の細胞や分子に化
学的に作用することで解熱鎮痛、血圧降下、抗不安などの薬効を
示すものだ。同じように「体験」も、五感や記憶に対して作用す
ることで、ワクワクしたり、哲学的になったり、朝スッキリ起き
られたりと、さまざまな効果をもたらす。

時には「アルキメデスの風呂」（浮力の発見。エウレカ！）や、「ニュートンのりんご」（万有引力の発見）のように、お風呂に入る・落ちるりんごを見るという一見関係のない「体験」が思考を一気に統合してひらめきをもたらし、世界観を変えてしまうことだってある。

　ひとつ提案です。**旅や遊びや仕事などで強烈な「体験」をしたときは、自分の思考や気持ちに起きた「変化」を観察し記録してみてはどうでしょう。**記録すれば、「こういう気持ちになりたいならこの体験」と処方できるようになるし、それらのデータが蓄積すれば、薬のメカニズムと作用を研究する「薬理学」（薬学の一分野でとても面白いです）ならぬ、**「体験薬理学」**のような領域をつくっていけるかもしれません。

　この「自分」という、思い通りに動かせるようでまったく思い通りにならない、最も身近なようでいつになっても理解不能な不思議な存在を、楽しく自由に動かすために。興味のある方はぜひご一緒にいかがでしょうか。

　ただし。薬と同じで体験も、中毒性があったり、遅効性で数年後に効果が出たり、副作用があったりとさまざまなので、くれぐれも乱用にはご注意を。

**NEWest INFO**
## 世界初！　医師が美術館訪問を「処方」

　コンセプトの寄稿後、ありがたいことにいくつか反響をいただいた。驚いたのは、なんと元タレントのブルゾンちえみさんが読んでくれていたことだ。

　彼女は数十年にわたり、気になる記事を切り抜いてはノートに貼って自分の感情を記録し続けてきた、まさに「言葉の人」。

　そんな彼女には、天井が高いカフェで朝カフェをしながらそのノートを見返すという習慣があるらしい。本稿を読んで、無意識に選んでいた「天井の高いカフェ」が、自分に清々しい気持ちで新しい1日を始めさせるための「体験処方」になっていたことに気づいたというのだ。

　想像するに、「いつもノートを持ち歩いて記事を切り抜き、カフェで見返す」という体験の積み重ねが、世の中の出来事を切り取り、それを発見や笑いに変える「ブルゾンちえみ」というユニークな存在を育んできたに違いないということ。「体験の繰り返し処方」はじわじわと人間をつくるのだ。

　もう1つ事例を。2018年にカナダの医師会が、世界で初めて、患者に対する治療として「美術館訪問」を「処方」したことをご存じだろうか。患者に対して「家族とモントリオール美術館に行ってアート鑑賞する体験」を処方することで、病の不安やうつ、ストレスの緩和を目指すというものだ。

　2020年代は「ウェルビーイング」がキーワードと言われるが、自分をよりよい状態に導くための手段として、薬や医療に加えた「体験」が今後ますます重要になるはず、とひとり確信を強めているところだ。

**POINT**

　　自分の心身の状態を変えてくれる「体験」を見つけよう。モードを切り替えたいときは、それを自分に処方してみよう。

自分で描く物語から、未来を切り開く

# ショートショート発想法

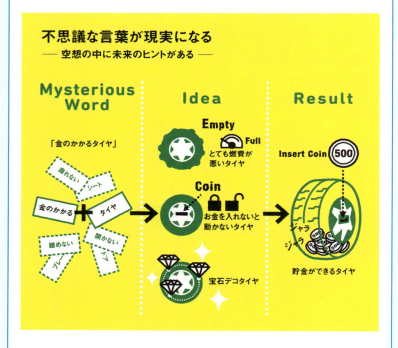

未来のことを考えるとき、
すでに世の中に出回っている未来予測より、
自由な発想で物語をゼロから書いてみよう

**田丸雅智**
電通Bチーム社外メンバー。現代ショートショートの
旗手として執筆活動に加え、全国各地で創作講座を開
催するなど幅広く活動している。著書に『海色の場』(出
版芸術社)、『おとぎカンパニー』(光文社)など多数。

## 不思議な物語「ショートショート」

たとえば、「発電に使えるタコ」「ぽかぽかする傘」。こんな言葉に耳なじみのある方は皆無(かいむ)だろう。それも当然。これらは現実世界には存在しない「不思議な言葉」なのだから。

対して、「消せるボールペン」「羽根のない扇風機」だと、どうだろう。一見すると同じ「不思議な言葉」なのだけれど、そう、これらは現実にあるパイロットの「フリクション」、ダイソンの「空気清浄ファン」のことである。

しかし、ひと昔前に同じ言葉を聞いていたらどう思っただろうか。きっと、「発電に使えるタコ」「ぽかぽかする傘」と同じように、そんなものは存在しない、ありえない、で片づけてしまったのではないだろうか。

ぼくは普段、ショートショート(以下、SS)という小説を専門に書くSS作家として活動している。SSとは簡単にいうと短くて不思議な物語のことなのだが、その執筆活動と同時に力を入れていることがある。

それが、SSの書き方講座だ。90分程度の時間内でアイデア発想から作品完成、さらには発表までも行ってしまうというもので、メソッドを用いれば、小学生でも大人でも、作文や読書が苦手であろうとなかろうと、誰でも小説が書けるようになっている。これまで延べ1万人以上に教えてきた。

## 自分でショートショートをつくってみよう

その講座を企業向けにアレンジして開催しているワークショップが、「ショートショート発想法」というものだ。

参加者にはまず、メソッドを使って、自社に関連する現実にはありえない「不思議な言葉」をつくってもらう。そしてそこから発想をどんどん広げていって物語に仕上げてもらうわけなのだが、

具体例を出してみよう。

　たとえば自動車メーカーの場合。まさに今、手元でメソッドを使ってみると「金がかかるタイヤ」という言葉が誕生した。そうすると、次に考えるのが、それはどんなものなのかということ。空想なので正解はなく自由自在に考えてもらう。

　どうして「金がかかる」のか。そのタイヤを使ったら、燃費が悪くなってガソリン代がかかるから？　宝石がちりばめられていて、そもそもの値段が高いから？　タイヤにコインを入れないと動き出さない仕組みだったり？　などなど、いろんな切り口があるだろう。

　ここでは仮に、「タイヤにコインを入れないと動かない仕組みになっている」という方向を採用してみることにする。


　今度は、メリットを考えてみよう。このタイヤ、どんなメリットがあるだろう……たとえば、500円玉を入れなければならないので、500円玉貯金ができる、としてみよう。

　デメリットも考えてみる。手持ちに500円玉がなければ車を動かすことができない、運転中にタイヤがジャラジャラいってうるさい、など。

　そしてこれまでのものをまとめると、こんな感じの物語になるだろうか。タイトルは「タイヤ貯金」。


「あなたも貯めよう！　タイヤで夢の100万円！」


　あるときカー用品店を訪れると、そんな文言が目に入った。興味を引かれて店員にその詳細を尋ねてみると、店員は言った。


「ほら、ホイールの真ん中に穴が空いているでしょう？　そこから500円玉を入れるんですよ。そうするとロックが外れてタイヤが回転するようになるわけです。500円玉貯金のタイヤ版みたい

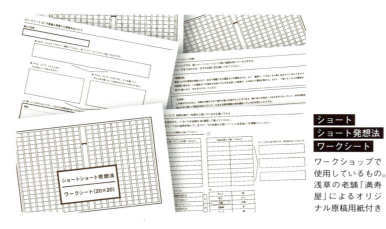

**ショート
ショート発想法
ワークシート**

ワークショップで
使用しているもの。
浅草の老舗「満寿
屋」によるオリジ
ナル原稿用紙付き

なものですね」

　おれは遊び心を刺激され、その妙なタイヤを試しに買ってみる
ことにした。そしてさっそく車に装着してもらい、500円玉を投
入してから家に帰った。

　しばらくは、運転するたびにお金が貯まる感覚が楽しかった。が、
エンジンを切るたびに施錠され、再び500円玉を投入しないとい
けないので次第に面倒になってきた。500円玉が手元になく、同
僚からお金を借りて恥もかいた。お金が貯まるにつれてタイヤ自
体がジャラジャラいいだし、妻にうるさいと怒られた。

　おれはついに我慢の限界がやってきて、あるとき衝動的に八つ
当たりをしてしまった。すなわち、バールでタイヤを殴ったのだ。
その結果、ホイールは割れ、ゴムは破裂し、大量の500円玉が辺
りに飛び散ることとなった。壊れた部分の修理代は、貯まった500
円玉ではまかなえなかった。

　お粗末様でした！

## ショートショートは未来へのヒントを生み出す

……という感じで物語が完成すれば、みんなでワイワイ発表し合う。そして物語に潜んでいる、現実世界へ還元できそうな可能性を探っていく。

このタイヤ、本当にあったらどうだろう。あるいはお金じゃなくて、タイヤで水を貯めたりできないものだろうか。関係ないけど、エコ運転で現金が貯まったらうれしくない？

昔の人に、「持ち運べる電話」の物語など聞かせたら、きっと一笑に付されることだろう。しかし中には触発され、新たな可能性を見出す人もいるはずだ。

未来のことを考えるとき、世に出回っている未来予測を参考にするのもいいけれど、物語を自分の手で書いてみる。そしてそこから、未来の種を考えてみる。そんな、自らの空想に端を発する思考法もいかがだろうか。

一見して荒唐無稽な物語の中にこそ、未来を切り拓くヒントがある。

### NEWest INFO
### 多種多様な企業でワークショップを開催中

その後、このワークショップはIT企業やコンサルティング企業、自動車メーカー、日用品メーカー、化粧品メーカーなど、さまざまな業種の企業で多数開催させてもらっている。

参加者も広報部門から企画部門、研究開発部門まで実に多様で、年齢も若手、ベテラン、経営層とさまざまだ。そう遠くない未来、ワークショップで生まれた物語から実際の新商品や新サービスが芽吹いてくれることを願ってやまない。

　また、ワークショップではオプションとして、後日、参加者の作品を文庫本の体裁にしてお渡ししている。**活字になると違った刺激があるようで、本をもとに議論がさらに活発化している現場も目撃している。**

　あなたの会社でも、ぜひ開催のご検討を。荒唐無稽な物語から、一緒に未来を紡ぎましょう！

**POINT**

**自分で不思議な物語のショートショートを
創作してみると、普段では考えつかない、
未来をつくるアイデアが湧いてくる。**

それぞれの個性を妥協しない

# プリンアラモードの法則

**Inclusion**

**メインがさらに際立つ**
──多様な具材がプリンを引き立てる──

味気ないプリンのみ
パッとしない

メインのプリンを引き立たせながらも
多様な具材があわさることで魅力が拡充する

引き立つものがなく
平等に混ざり合って
魅力をつぶしあってしまう

個性的な橋たちが
地域を魅力的にする
（隅田川）

多様性のあるバイプレーヤーが
主役を輝かせる
（インクルージョン・ライダー）

2019.02

あらゆる人にとって価値のある、
多様化が進む時代に合った商品や
サービスを生むアイデア出しのコツ

阿佐見綾香
電通Bチームダイバーシティ担当。戦略プラン
ナーとしてマーケティングや商品開発を担当。持
論は「LOVEのカタチが変わると消費が変わる」。
専門はLOVEマーケティング。

## ┃「これがいい」の時代に合ったマーケティング手法

プリンアラモードはメインがプリンでありながらも、いろいろな具材が入り混じることで、より全体のおいしさが引き立ちます。現代のマーケティングにおいて、マジョリティにざっくり合わせて、そこからはみ出る誰かは我慢すればよいというのは古い考え方。

プリンアラモードのように、個別の多様性を妥協せずにインクルージョンすることが、結果として大衆のファンをつかみ、ヒットすることがあります。ポイントは、メインのプリンを際立たせながら幅広い人たちで共有できて、みんなのものでありながらも丸まらずにとがっていることです。

インターネットとSNSは、誰にとっても身近な存在となり、物やサービスの選択肢は大幅に増えました。それに伴い、消費者の意思決定プロセスは、「これでいい」から「これがいい」へと変化し、より妥協しない傾向が強くなってきています。

そんな時代では、人を特定の属性でひとくくりにして、共通性に着目することで効率的に市場を攻略しようとする従来のマーケティング手法には限界があります。

## ┃「個別対応思考」の限界

企業のマーケティング活動も、より進化が求められているのです。

多様な従業員を採用することや、一人ひとりのお客様に合った対応が注目されはじめる一方で、いまだ多様性は一部のマイノリティの話で、ビジネスとは無縁と感じている人が多くいます。

こうした誤解を生む1つの要因が、「バリアフリー」というデザインモデルに見られる「個別対応思考」に起因するのではないかと私は考えています。

「個別対応思考」のマーケティングは、障害者や高齢者など、問題を抱えた一部のマイノリティにしか使われないニッチで特異なものを生みます。それらは量産化できず、価格が高騰し、希少になり、手に入りにくくなり、開発も進まない、などの不便が生じていたのです。

　さらに、そのニッチで特異なプロダクトは、当事者自身にとっても味気ないもので、それしかないため仕方なく使うものということも少なくありませんでした。

　最低限使えればよし、とされる「個別対応思考」では、当事者の2つのニーズ「CAN（使える）」と「WANT（使いたい）」のCANしか満たしておらず、両方を満たすものに昇華していなくてもそれでよしとされていたのです。

　一方で、すべての企業活動の最上位概念は利益を増やすこと。そして、利益が増えるほど社会に対するインパクトも増え、企業の存在意義は高まります。「個別対応思考」のマーケティングは、利益を最大化するには非効率であり、「マス思考」のマーケティングは限界を迎えています。

## あらゆる人にとって価値があるものが求められる

　解決策は「プリンアラモードの法則」です。この方法では、新たに量産化可能な、特定の属性の人に限定しない、すべての人が使いたくなるアイデアにあふれたプロダクト、製品、サービスを生み出すことができるようになります。

　例をあげると、ニューヨークではベジタリアンに対応できないレストランは、団体客の予約が少なくなってきているそうです。

　現代のレストランは、食事の質を向上させるだけではゲストたちの心を掴むことはできません。国籍、年齢、性別、宗教が異なるさまざまなゲストが集まっても、誰もが居心地よく過ごせる場

所が求められるのです。

多様な人々が集まることで、より一層魅力が増す商品やサービスこそが理想でしょう。

**プリンアラモードの法則は商品開発にも応用できます。**

Ontenna（オンテナ）はヘアピンのように髪の毛に装着し、振動と光によって音の特徴をユーザーに伝えるまったく新しいデバイスです。

難聴者が不便に思っていることを解決しようとする「個別対応思考」からは、字幕などの文字による情報補完という発想が生まれるでしょう。そうではなく、メインを難聴者の課題解決に置きながらも、音の楽しみ方そのものを「振動と光」に転換してアップデートし、みんなで共有できる新しいエンターテインメントへと昇華しています。

障害の有無などによる五感の違いや、言語の違いのある人同士の間でエンターテインメントを共有するのは大変なことで、いかにして共有できるものを作るかということはこれからの課題です。

また、視覚障害者のためにという「個別対応思考」から作られた従来の点字時計は、触っても針がずれないように、頑丈で、重くて厚く、それでも針がはずれることがあり、価格も高価なものでした。

EONE（イーワン）の時計は、ずれても戻る小さな磁石を採用したモデル。使えるものが限られる視覚障害者の高度な条件下での課題解決をメインに置きながらも、スタイリッシュで斬新なデザインに磨き上げ、価格も3万〜4万円と、文字盤を見ずに時間を知りたいビジネスマンにも受け入れられました。

プリンアラモードの法則を使えば、あらゆる人にとって、ニッチなものでも中途半端なものでもない、真に価値があって受け入

「EONE
（イーワン）」の
触る時計

針の代わりに磁石
によって動く２つ
のボールが時を刻
む。強く触ると動
くものの、振ると
磁石の力で元の位
置に戻る

れられやすい、新しい時代にふさわしいアイデアの詰まった商品
やサービスを、誰でも生み出せるようになるでしょう。

　これから生き残るのは、プリンアラモードの法則を満たすもの。
企業が多様化へ目を向ける視点は、今後ますます重要性を増して
いくと思います。

**POINT**

> ニッチな「個別対応思考」から、あらゆる人たちが
> 求める「プリンアラモードの法則」を
> 満たそうとする考え方への転換が必要。

映像は体験そのものに

# 一人称映像

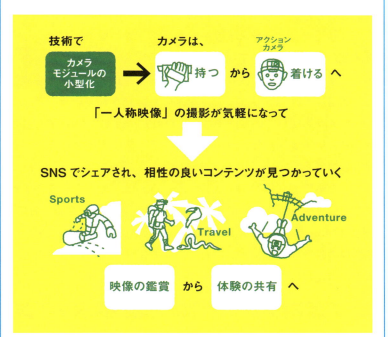

技術で

**カメラ
モジュールの
小型化** ➡ カメラは、

🖐 持つ から アクション
カメラ
👷 着ける へ

「一人称映像」の撮影が気軽になって

⬇

SNS でシェアされ、相性の良いコンテンツが見つかっていく

Sports

Travel

Adventure

映像の鑑賞 から 体験の共有 へ

2015.09

編集が施されていない一人称視点の映像が
簡単に撮影・視聴できるようになり、
体験の共有への欲求が高まっている

**牛久保暖**
電通ビジネスデザインスクエア所属。エレクトロニクスメーカーや
戦略コンサルで事業企画、その後よろず屋稼業を通じて、現在まで。
抽象的なコンセプト開発から、具体的な実装まで。いろいろやってき
たけど、広い意味ですべて編集だったな、と理解している。

　誰かの視界をそのままカメラアングルとして捉えた映像に触れることが増えてきた。これらの映像はGoPro（ゴープロ）といったアクションカメラをヘルメットや胸元に着けることで撮ることができて、こういったカメラが爆発的に普及する段階に入ってきていることがブームの背景にある。

　アメリカではメインストリームのスポーツ中継でもアクションカメラが活用され始めていて、GoProがNHL（ナショナル・ホッケー・リーグ）の放送機材ベンダーとして、正式に採用。生放送に対応可能な無線ソリューションまでも開発されている。アクションカメラを使っている例ではないけれど、日本でもNHKの『世界ふれあい街歩き』は、海外の街をゆるく散歩するような体験を提供している。

　ゲーム業界でもFPS（First Person Shooter）と言われる一人称視点でのゲームシステムがすっかり主流化していて、今後はHMD（Head Mounted Display）の普及も間違いなく進むので、総じて世の中の映像はジャンルを問わず、ますますこの手の「一人称映像」が増えていきそうである。

## Japowがトリガーになったこと

「一人称映像」のコンテンツに関連するトピックは、Bチームのリサーチでも上がってきている。"Japow"という言葉を聞いたことはあるだろうか？　Japanに関連する何かまでは想像がつきそうだが、これは一部の外国人スキーヤーたちの間で日本（JAPAN）のパウダースノー（Powder Snow）が人気で、それを略して呼ぶのが"Japow（ジャパウ）"らしい。

　きっかけは有名スノーボーダーやスキーヤーたちが日本で滑りながら顔まで巻き上がるパウダースノーが映った「一人称映像」をSNSにアップしたことで、それが、北海道や白馬に外国人スキ

ーヤーが大勢やってくる発端のひとつになったのだ。普通の観光
紹介的なビデオや映像だったら、ここまでのブームにはならなか
っただろう。

**トラヴィス・ライス**
"Japow"という言葉のオリ
ジネーター。よく見るとち
ゃんとアクションカメラを
着けています

@freerideworldtour.com

## 「映像の鑑賞」から「体験の共有」

そもそも、なぜ「一人称映像」は盛り上がっているのだろうか?

まず技術進歩があったからというのは間違いない。カメラの小
型化や手ぶれ補正の発達といった技術がなければ、アクションカ
メラは作れなかったからだ。小さくなければ、着けていることを
忘れてしまうような感覚にはならない。

手ブレ補正も一定のレベルにならないと、ぶれぶれの映像にな
ってしまって観る人は酔ってしまう。こういう技術が出揃って、カ
メラは技術的に構えるモノではなく、ウェアラブルなモノになっ
たのだ。

ただ、いずれにせよ技術は実現手段の話で、「一人称映像」が勢
いを増している本質的な理由にはならない。そもそも「一人称映
像」は、人間のどんな欲望を満たしつつあるのか?　というのが
一番重要な問いだろう。それに対する答えは、「一人称映像」は
「体験の共有」欲を最も深く満たす映像スタイルだから、じゃない
だろうか。自分が体験したことを、まんまストレートに誰かにも

感じさせたい。そんな人間の根源的なコミュニケーション欲求に応えているのが「一人称映像」なのだ。

逆に「体験の共有」がしにくい映像は、たとえばニュース映像だ。客観性をキープしたアングルは冷めて見えて「体験が共有」しづらい。報道は「事実の伝達」のためのスタイルなので当然ではある。

一方で映画のようにドラマチックに人間や対象物を演出的もしくは編集的に撮った映像も、「物語への没入」はできても「体験の共有」にはなりづらい。映像への作り込みに反比例して、生っぽさが失われてしまうからだ。それよりは粗くても撮ったまんまの「一人称映像」のほうが「体験を共有」しやすい。

## 映像の新世紀：体験のナラティブ

体験を文章で人にリアルに伝えるのはとても難しい。それに比べれば、アクションカメラで目の前の状況を撮っておくというのは、とても簡単なことだ。映像というのは、誰が撮ってもそこそこリアルになる。その敷居の低さから、世の中に流通する「一人称映像」は今後さらに増えていくだろう。

ひとつ注意しなければいけないのは、「共有」することと「共感」されるのは別の話だということだ。発信側の敷居が低いからといって、受け手もそうとは限らない。単純に映像の流通量が増えれば増えるほど、埋没する可能性も高くなる。

まだ「一人称映像」の世紀は始まったばかりだ。映画が発明されたころに次々と新しい映像文法やナラティブ（物語）が発明されていったのと同様に、「共感」を獲得するためのテクニックもどんどん開発されていくはずだ。

だから、コミュニケーションに携わる仕事をする限りは最低限のメディア・リテラシーとして、「一人称映像」からどんな語り口が創造されて「共感」を生み出していくのか、それは映像のネタ

＝対象物以上にそのスタイルを押さえ続けていく必要がありそうだ。

---

**NEWest INFO**

## スマホ動画が主役に

「一人称映像」は予想通り、ますます勢いが付いている。今一番多くの人が目にしているのは、**インスタグラムのストーリー**だろう。ストーリーにアップされた映像はアーカイブ性をもたないという点はとても興味深い。体験そのものがもっている儚さを、24時間後には消える形で機能実装したのは、ある意味とてもリアルだ。

また、あらゆるメディアがポルノグラフィを立ち上げの原動力にしてきたことは知られているが、一人称視点でのVRコンテンツもポルノグラフィを一大コンテンツとしていることも、既視感がありつつもとても示唆的だ。

アクションカメラという商品カテゴリーは踊り場にあるようだが、それにも増して**スマホの動画撮影がカジュアルに使えるようになってきている**ことが環境要因としては大きかった。

---

**POINT**

「共有」の先には「共感」があり、
それを獲得するための語り口の開発動向に要注目。

NEW

chapter. 2

# 「壁」を越える＆壊す

# ニューコンセプト14

CON

もし今、あなたが閉塞感を感じているなら、やるべきことはただ1つ。今までの方法で壁に当たり続けるのをやめて、違う方法を採用することだ。越える。壊す。くぐる。もしかしたら、壁という定義自体を変えることかもしれない。壁の外に出るゲーム。どうせなら面白い方法でやりたいというのが我々電通Bチーム。メンバーが気づき、思いつき、実践した、新しいやり方をここにシェアします。壁の向こう側にはいつも、新しい未来があるはずだから。

アイデアを生む魔法の言葉

# マジックワード思考法

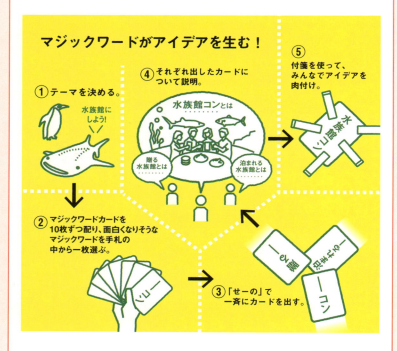

**マジックワードがアイデアを生む！**

① テーマを決める。

水族館にしよう！

② マジックワードカードを10枚ずつ配り、面白くなりそうなマジックワードを手札の中から一枚選ぶ。

③「せーの」で一斉にカードを出す。

④ それぞれ出したカードについて説明。

水族館コンとは

贈る水族館とは

泊まれる水族館とは

⑤ 付箋を使って、みんなでアイデアを肉付け。

2016.10

自主規制の風潮は、社会や職場から
イノベーションやアイデアを殺す。
打開策は自由な発想を育てるゲーム感覚ツール

**大山徹**
電通Bチーム「Play」特任リサーチャー／ゲームデザイナー。「あそびから入る」を自身のテーマとして、広告、教育、ゲームを通じて、世の中がより"楽しく"なるよう活動中。

**鳥巣智行**
長崎出身の被爆三世で、平和担当。コピーライターとして新商品開発から広告コミュニケーションまで手がける。五島列島の図書館「さんごさん」共同設立者。最近トゥギョウザーはじめました。

## ■ マジックワードがアイデアを生む！

「泊まれる水族館」をご存じですか。閉館後の水族館でゆっくり生き物の観察をしながら、夜は大水槽の前で泊まることができる人気ツアーのことです。

新江ノ島水族館が2004年から開催しているこのツアーの案内を見ながらふと思いました。「泊まれる」という言葉がつくだけで水族館の魅力がさらに広がってないか？

ひょっとすると**「泊まれる」という言葉には何か特別な力があるのかもしれない。**実際、「泊まれる本屋」「泊まれる道の駅」「泊まれる学校」などなど、普段は泊まることのできない場所に泊まれるようにすることで新しいサービスが生まれています。

## ■ 電通Bチーム厳選のマジックワードを公開！

**これまで既成概念の枠にはまり、考えることができなくなっていたことが、ある言葉がつくだけでアイデアが広がる。**そんな魔法のような言葉**「マジックワード」**がほかにも存在するのではないか。

電通Bチームで日々収集してきた1,000の事例や、広告のキャッチコピーなどを見直してみたところ、およそ200のマジックワードを発見しました。その200語の中から、企画に使いやすそうな言葉だけを厳選し100ワードに絞り込んでつくったのが、**「マジックワードカード」**です。使い方は次の通り。

①テーマを決める
②マジックワードカードを10枚ずつ配り、面白くなりそうなマジックワードを手札の中から１枚選ぶ
③「せーの」で一斉にカードを出す
④それぞれ出したカードについて説明
⑤付箋を使って、みんなでアイデアを肉付け

ここで、そのカードに書かれたマジックワードの一部を紹介しましょう。

　人工知能に関する話題が絶えない昨今。人工知能が進化すれば感情を持ったロボットが普通になるだろう。そんな事例から「感情を持った_____」というマジックワードを採集しました。

　これを先ほどの水族館にくっつけると、「感情を持った水族館」となります。魚の状態や来場者の態度によって水族館の照明や音楽など雰囲気が変わる水族館？　ユーモラスに話しかけてくる水槽を備えた水族館？　などなど、この言葉からアイデアを広げていくことができます。

　ほかにも、小商いやスモールスタートなど小さいことに価値を見出す風潮から生まれた「スモール_____」というワードから、複業やパラレルキャリアという働きかたのトレンドからヒントを得た「趣味と実益を兼ねた_____」といった言葉まで、幅広い言葉を取り揃えました。

　そうはいっても、マジックワードが本当に課題解決のために機能するのでしょうか。それを確かめたくて、これまで数回ワーク

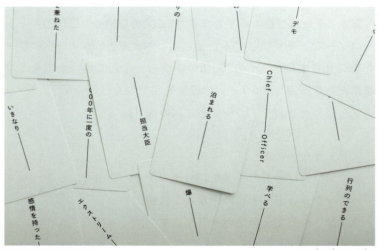

ryosuke nakagawa：uber

**ミラクルワードカード** カードには企画に役立つ言葉が書かれている
（※リリースにあたり、マジックワードより改名しています）

ショップを実践しました。

　たとえば、「NHKに集まる社会課題をマジックワードカードで解決する」と題し、2014年に「アイス・バケツ・チャレンジ」で広く知られるようになった難病「ALS（筋萎縮性側索硬化症）」の解決をテーマにしたワークショップをアカデミーヒルズ六本木ライブラリーで開催。

　NHKのディレクター小国士朗さんにご協力いただき、「ALS」「アイス・バケツ・チャレンジ」「尊厳死」「アイトラッキング」などALSに関するキーワードを選定。その言葉とマジックワードを組み合わせてソリューションを考える、という内容です。

　ALSという難しい問題をテーマにして盛り上がるのか？　私自身やってみるまで不安しかありませんでしたが、その心配は杞憂に終わりました。

　あるグループからは「恋する愛トラッキング」というアイデアが。アイトラッキングという技術やALSの認知を広げるために某プロデューサーに曲を書いてもらい、売り上げを寄付するというアイデアです。

　ほかにもVR技術を使って、動けないALS患者の方に旅行体験をプレゼントする「旅するALS」といった企画も。

　たった30分という時間でしたが、普通に考えていてもなかなか生まれてこないアイデアがたくさん生まれました。

　クリエーティブジャンプが必要とされている難題に向き合わなければいけないとき、強制的に予想外の言葉と言葉を組み合わせるマジックワードは、発想の飛躍をサポートするジャンプ台になるのだなと実感しました。

## ┃カードにして使うと効果抜群

　当日は学生から経営者まで、年齢も職業もバラバラの人たちが集まりました。立場やバックグラウンドが違う人たちが同じテー

ブルを囲むときに、ゲーム感覚で楽しめるカードがあると議論が盛り上がることも実感。

「ブレストでは他人のアイデアに便乗OK！」と言われますが、ファシリテーションの良し悪しでうまく盛り上がらないこともありますよね。**カードに付箋を貼りながらアイデアに肉付けしていくことで、アイデアの成長過程が記録されて、アイデアをふくらませやすい**のも、このカードの特徴のひとつです。

　言葉は子どもからお年寄りまで誰もが扱うことができる、アイデアのプロトタイピングツール。**カードによってこれまで出会うことがなかった2つの要素が組み合わされることで、新しいアイデアが生まれる**。それをみんなで育てながら、グルーヴ感が生まれていく。そんな熱気を感じたのでした。

**付箋が貼られたカード**
チームメンバーと出てきたアイデアを付箋に書き留める

　ちなみにこのカード、**一人で企画を考える際にも使えます。**一枚一枚カードをめくりながら、出てきた言葉にそれってどういうこと？　と自問自答しながら企画を深めていけば100の切り口のアイデアができる。**仕事の効率化をはかるにも有効**です。

　ALSのような社会課題だけではありません。新人が言うことを

聞かない。妻の機嫌が悪い。旦那がだらしない。お金がたまらない……生きていると大小さまざまな課題にぶつかります。言い換えるならたくさんのアイデアが求められます。

　そんなときに、タロットカードをめくるような気分で、マジックワードカードをめくってみると新しいアイデアに出会える。生活を豊かにし、世界を平和にするにはアイデアが必要。マジックワードがその一助となれば幸いです。

## NEWest INFO
## 「ミラクルワードカード」として進化中

　その後、マジックワードカードは、「ミラクルワードカード」に名前を変えて、電通Bチームの主軸プログラムのひとつとして、新規事業支援のワークショップや企業研修で実施されてきました。

　ですが、毎回、私たちが足を運んでいては人手も足りないですし、なかなか広がっていかないという印象がありました。

　一人でも多くの方にミラクルワードカードに触れてもらい、アイデア発想のコツをつかんでもらいたい――。ということで、ミラクルワードカードを販売することにしました！

　厳密にはミラクルワードカードを手に入れていただき、さらにファシリテーターになっていただくための講座をはじめました。その名も「ミラクルワードカード ファシリテーター養成講座」。日本能率協会さんのご協力のもと、4時間のセミナーを実施しています。

　電通Bチームの紹介、ミラクルワードカードの開発秘話など、使い方だけにとどまらない内容です。

　これまでさまざまな方に受講いただきました。「自分自身

の新しいスキルとして学びたい」という個人の方、「ワークショップをイチから実施できるようになりたい」という企業関係者の方などなど。これまでに100人以上のミラクルワードカードファシリテーターが生まれています。

　さあ、みなさんもミラクルワードカードを使いこなせるようになってみませんか？　そして、あなただけのミラクルワードカードを持ってみませんか？　みなさんのお越しをお待ちしております！

**POINT**

**強制的に予想外の言葉と言葉を組み合わせると、新しいアイデアのきっかけになる。**

# 13

ありえない仮説を、あえて立ててみる

# 荒唐無稽仮説法

**荒唐無稽仮説法**
── ありえない仮説をあえて立ててみる ──

**ARCHIGRAM**
イギリスの建築家集団　町が歩く

**UNBUILT**
影響を受けた ザハ・ハディド

1964 → 2013
保守的な建築学からの解放

「ウォーキング・シティ」

新国立競技場（案）

**LIFE PAINT** 世界の交通事故をゼロに！

危険な夜道

→　ボルボの LIFE PAINT スプレー

2017.03

ありえない仮説を立てることで、
思考停止を打ち破る。イノベーションも同じ。
ビッグアイデアは荒唐無稽な仮説から生まれる

福岡郷介
電通Bチーム「サイエンス」担当。理学修士。電通2CRP局
所属コピーライター／CMプランナー。量子テレポーテ
ーションの研究でPhysical Review Lettersに論文を掲載。
arXiv漁りが趣味。

## "建てなくてもよい"建築!?

2013年に国立競技場の建て替え関連ニュースが話題になっていた頃、アンビルトという言葉をよく耳にした。コンペ勝者の建築家ザハ・ハディドが"アンビルトの女王"と呼ばれていたからだ。

私は、アンビルトとは予算や技術の問題、あるいはコンペで敗退したなど何らかの後ろ向きな理由によって実現しなかった、残念な結果としての建築のことだと思っていた。

しかし実はもっと深い意味があると知人に聞き、ガーンと来てしまった。アンビルトには"実際に建つことを想定していない建築"も含まれるそうだ。"建てられなかった"のではなく、"建てなくてもよい"とする概念。アンビルトで生み出された建築ドローイングや模型は、果たして自由な発想にあふれている。

たとえばイギリスの建築家集団ARCHIGRAM（アーキグラム）は、1964年に"ウォーキング・シティ"という、足の付いた巨大な移動都市のドローイングを発表した。

都市がまるごと移動するのである。異常だ。彼らは保守的だったイギリス建築に風穴を開けるアンビルトを次々と発表していった。物質としての建築ではなく、概念や思想を拡張していく今日の建築学の教育方針に一役買っていると言えるだろう。

建てられることを目指さない、という一見常識はずれな建築が、現実に建っている建築に大きな影響を与えている。

## 物理学にも見られる、めちゃくちゃな仮説

同じように、めちゃくちゃな仮説が有用な例は物理学でもよく見られる。有名なのはアルベルト・アインシュタインが理論付けを行った光速度不変の原理。光源や観測者の速度によらず光速度は一定、という尋常ならざる原理だ（原理とは証明なしでそうと認める仮説）。

　言ってしまえばアインシュタインはただもう「光速度は一定！」と決めつけてみて、辻褄が合うように、これまで常識とされていた宇宙の法則を変形させていったのだ。そして1905年に特殊相対性理論の論文を世に出した。人類への貢献は甚大だ。

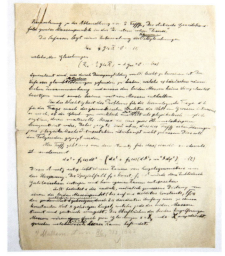

**特殊相対性理論の論文**
アインシュタインはスイス特許局の職員として働きながら、物理学に革命を起こす論文を次々と執筆した

©Getty Images

　もしも悪魔がいたら。物理学にはこんなとんでもない仮説もある。ジェームズ・マクスウェルが1867年に考え出した"マクスウェルの悪魔"という思考実験だ。

　仕切りで区分けされた箱の中、悪魔が門番となり、箱内の気体分子の速いのはこっち、遅いのはこっち、と仕分けていく。すると箱内に温度差が生まれる。箱をそのへんに置いておいて、しばらくしてから触ったら、アツアツの部分とヒエヒエの部分があるのは、おかしい。

　マクスウェルは悪魔というぶっ飛んだ仮説を持ち出して、熱力学第二法則の破れを科学者たちに突き付けた。

　「いや、そんな悪魔いないだろ」と誰もが思う。しかし科学者たちは思考停止せずに"もしもいたら"と仮定して、それこそ１世

紀以上も悩み抜いた。

　研究が進められ、悪魔の働きをつぶさに調べていくうちに、悪魔が"分子の速度という情報"をやりとりする際のエネルギー増減を勘定に入れれば、熱力学第二法則が破れないことがわかった。

　つまり、なんと、情報はエネルギーに変換できるということだ！こうして情報を物理的に扱う情報熱力学という新たな学問分野が確立された。

　2010年には中央大と東大のチームがマクスウェルの悪魔の実験に成功。情報を媒介して駆動する極小なデバイスの実現も夢ではない。

## ▌人類の発展は荒唐無稽な仮説のおかげ

　その他にも荒唐無稽な仮説はいくらでもある。万物が火、風、水、土の四元素からできているとする"四性質説"。真空が負のエネルギー電子で埋め尽くされているとする"ディラックの海"。万物が１次元のひもからできているとする"超ひも理論"。これらは多様な議論を生み、結果として科学を大きく前進させてきた。

　世紀の大発見となるとなかなかに難しい。しかしパラダイムをぶっ壊すためのとっかかりとして、無理やり異常な仮説を立ててみるのは稀代の天才でなくても真似ができる。仮説は笑われるほど荒唐無稽でいい。

　ボルボ社が立てた仮説は良い例だ。2020年までに、新しいボルボ車での交通事故による死亡者・重傷者をゼロにするという。世界で年間120万人以上が事故死していることを考えると、ゼロは途方もないゴールだ。

　製造する車の安全性能を高めるだけでは足りないと判断したボルボは、LIFE PAINTという車のライトにだけ反応する蛍光塗料スプレーを発明してしまった。歩行者の服や自転車に塗ってもらえ

れば、夜間の交通事故を減らせるというわけ。素晴らしい発想の
ジャンプである。

　もちろん、あまりにも無意味な仮説を立てても仕方ないが、つ
まらない仮説を立ててもありきたりな発想しか出てこない。巷に
はいわゆる未来予測があふれている。

　皆が同じ方向を向いて対策を立てても似たり寄ったり。売り上
げを伸ばしたいのではなく、**本気でイノベーションを起こすつも
りならば、とんでもないところから始めた方が早い。**

　最後にいくつか仮説を。アルバート・アインシュタイン医科大
学の研究によると人類の寿命の限界が115歳だとわかった。むし
ろ平均寿命が200歳だとしたらどのような商品やサービスが必要
だろうか？　かつて地球には大陸が一つしかなかった。今、すべ
ての大陸が地続きになったら？　量子コンピュータが完成すると
暗号通信ができなくなる。世界を平和にするために何をするか？
脳に汗をかかせていると、パッとひらめくかもしれない。

### NEWest INFO
## 誰でも「荒唐無稽な仮説」が立てられるツール

　何もないところから荒唐無稽仮説法を実践するのは、なか
なか難しい。そこでBチームでは、誰でも手軽に荒唐無
稽な仮説を立てられるようにするために、「荒唐無稽仮説発
射台」というウェブツールをつくった。簡単にそれを紹介
する。

　まず、自分が仮説を立てたいテーマを入力する。たとえ
ば「豆腐」などだ。すると、2軸の表が現れる。軸は、それ
ぞれが対になった修飾語になっている。たとえば縦軸が「自
由な／縛られた」、横軸が「上級者向け／初心者向け」とい

## 「豆腐」をテーマにした「荒唐無稽仮説発射台」

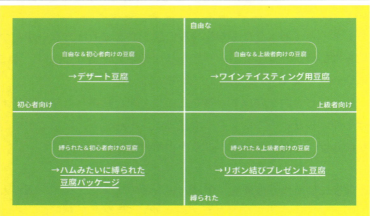

自由な

自由な＆初心者向けの豆腐

→デザート豆腐

自由な＆上級者向けの豆腐

→ワインテイスティング用豆腐

初心者向け

上級者向け

縛られた＆初心者向けの豆腐

→ハムみたいに縛られた
豆腐パッケージ

縛られた＆上級者向けの豆腐

→リボン結びプレゼント豆腐

縛られた

## 「荒唐無稽な質問」の例

『リボン結びプレゼント豆腐』
→女子高生の間で流行するとしたら？

キャンセル　　OK

飲む豆腐（フレーバー色々）　　　　　　　　深める

豆腐ダンス　　　　　　　　　　　　　　　　深める

豆腐を叩きつけてストレス解消　　　　　　　深める

トゲトゲ豆腐　　　　　　　　　　　　　　　深める

豆腐グミ　　　　　　　　　　　　　　　　　深める

ワインテイスティング用豆腐　　　　　　　　深める

デザー豆腐（デザート＋豆腐）　　　　　　　深める

ハムみたいに縛られた豆腐パッケージ　　　　深める

リボン結びプレゼント豆腐　　　　　　　　　深める

うように。

　この時点で、「自由で上級者向けな豆腐」「自由で初心者向けな豆腐」「縛られた上級者向けな豆腐」「縛られた初心者向けな豆腐」の４つの荒唐無稽な考え方から発想を始められる。
「自由で上級者向けな豆腐」というなら、「ワインテイスティングに使える豆腐はどうだろう？」といった具合だ。この軸は、ユーザーが次々と変えることができる。アイデアの種が次々と生み出されていく。

　さらに第２段階として、荒唐無稽な質問が表示されるようにした。「女子高生の間で流行るとしたら？」「予算が無限大だったら？」という具合だ。これにより、さらなる発想の飛躍が見込める。プロダクトに限らず、プロモーションアイデアのヒントにもなる。

　先日、大手洗剤メーカーに対して、この荒唐無稽仮説発射台を使用したワークショップを開催した。社員の方からとても面白いアイデアが飛び出し、実装に向けて動き出している。このツールに興味のある方は、ぜひご連絡ください。

**POINT**

**無理やり異常な仮説を立ててみると、**
**思いもしない課題の解説法が見つかることがある。**

胸騒ぎのアイデアを生むヒケツ

# プロセスの模様替え

プロセスを入れ替える

胸騒ぎ

発表リリース

ディスカッション

発想企画

調整

課題発見

調査

シャッフルのルール

上下関係の禁止
前例主義の禁止
発言の自由
表現方法の自由

絞り込み

ひらめき

2016.04

話し合いはせっかくのアイデアを丸くしがち。
では、ひらめきを生む策はあるのか？
商品開発のプロセスそのものを変えてみると……

森口哲平

電通Bチーム「ルール」担当。2002年(株)電通入社。戦略部門、制作
部門、新規事業開発部門を渡り歩く。経営層のプレゼンサポートを
行う「Team CUE」をサービス化。また、4年前より、プロジェクト
やサービスをデザインするチーム「XDS」を立ち上げる。

## ▌話し合いはアイデアを「丸くする」

「どうして、良い仕事するのに『話し合う』っていうプロセスが不可欠ってことになってるの？」

　それは、同僚のロシア人の一言がきっかけだった。机を囲んだ仲間たちは、目を丸くした。検討の過程で、ディスカッションするなんて昔から当たり前のことだったからだ。

「日本人は話し合うことで、アイデアを丸くして、損している。希少な意見、奇抜な考え方が、イノベーションには必要だと知っているのに、それが残らない状況を作っていると思う」

　学校の授業をもっとアクティブにするには？　という議論の中で飛び出したこのインサイト。まずは自分たちのやり方で当たり前になっているプロセスを見直してみること。方法論やツールの導入が先行するアクティブラーニングの潮流に対して、鋭い問題提起である。

## ▌DeNAが行った画期的な２つの改革

　これに似た話を、DeNAの南場智子会長のお話の中にみつけた。エピソードがふたつある。

　ひとつは、経営判断の失敗から生まれた、決裁プロセスの改革。

　今、フリルやメルカリといったフリマアプリが急成長している。実はもっと以前に、同様のサービスを提案した同社の若手がいた。経営陣がそれを許可できず、有望なビジネスの芽を摘んだ苦い経験から、その後、経営会議での決裁をやめることにしたという。

　通常、事業プロセスにおいては「企画→経営会議→開発→経営会議→リリース→経営会議→スケール」というように、その都度、経営陣に決裁を仰ぐ流れが一般的だ。経営陣の許可が下りないと開発に入れないし、リリースもできない状況がまさにボトルネック。

だから DeNA では、「企画→開発→リリース→経営会議→スケール」というように、リリースするまでは経営会議を挟まない方法に変えたという。

　もうひとつは、"Strategy leads UI/UX ではなくて、UI/UX leads Strategy である" という考え方だ（UI はユーザーインターフェイス、UX はユーザーエクスペリエンスの略で、ウェブサービスなどを構築する際の概念）。

　自分のやっているゲームやアプリを、リアルタイムにワンタップで友だちに共有できるユニークなサービス「Mirrativ（ミラティブ）」。世界中で使われて、１週間で１億インプレッション以上をたたき出している、スマホ画面共有・配信用アプリだ。

　この開発プロセスが一般的な開発プロセスと違ったところは、まず「ワンタップで、すぐに友だちとシェアすること」をやってみたいと、ユーザーエクスペリエンスの定義を先にしたこと。

　それをプロトタイピングしてから、「これは誰がどう使う？」を考える。UX を納得がいくまで突き詰めてから、ターゲティング、分析、マーケティングの準備をして成功したケースだ。まさにプロセスの逆転である。

　こうしたケースは、何も IT 企業に限ったことでもない。大人気のグラノーラ専門店「GANORI（ガノリ）」。オーナーの草なぎ洋平氏のブログに、閉店した代々木上原の第一号店誕生のプロセスが綴られている。

　見出しは、「はじめに物件があった」。物件の雰囲気に一目惚れして、まずとにかく契約して借りてしまった。そのあとで、この場所で何ができるのか、を考えて生まれたのがグラノーラ屋さんだったという。

　事業化において、物件探しは本来ずっと後回しなはず。けれど、場所から生まれたニューフードのトレンドが、僕ら日本人の毎朝

を新しくしてくれることもある。

**GANORI**
グラノーラブームの火付
け役。こちらが代々木上
原にあった第一号店

## 作業の順番を変えてみると意外な発想が手に入る

　僕たちは無意識に、学習や事業開発のプロセスを、「課題発見」
→「調査」→「発想・企画」→「ディスカッション」→「絞り込
み」→「調整」→「発表・リリース」という不可逆な流れと捉え
がちだ。けれど、その**プロセスを少し入れ替えるだけで、新しい
結果が生まれることもある**ということ。

　そもそも、若い起業家たちの強い味方である「Kickstarter」に
代表されるクラウドファンディングという手法も、「まず資金あり
き」のルールから**「まず欲しいものと欲しい人ありき」**に変える
ことで商品やサービスの生む新しい仕組み。

　それに、企業の「採用と育成」だってプロセスによって随分違
う。終身雇用の日本企業は、40年近くも一緒に働く仲間を、働く
前に面接だけで決めてきた。ロシア人の同僚は「昔の貴族の王子
様が、一枚の写真の中でしか見たことのない遠くの国のお姫様と
結婚するのに似てますね」と、日本の制度を今も不思議に思って
いる。

　欧米企業はもちろん、ほとんどインターン。良し悪しは別とし

て、作られる人材と成果ははっきり変わってくるだろう。

　加えて、順番を変えることに加えて、**プロセスの中には、隠れて見えなくなっているものも、実はたくさんある。**

　遠慮を美徳とする日本人。「あえて否定」したり、積み上げてきた議論を「ひっくり返す」ことをスルーしていないだろうか。

　また、多数決をしてみたものの、みんな内心で決定に不安を感じていた、という経験、誰にだってあるはず。根拠を探す前に、直感に頼った意見を出し合うような、**「胸騒ぎを起こす」プロセス**が本当はかなり重要。GANORIのようにまず場所に一目惚れというケースだってあるのだから。

　自らの日常の作業フローをカードにして、シャッフルし、引いた順に仕事を進めてみる。部屋の家具のレイアウトをいじるだけで、生活に変化を作るみたいに、学習や研究の**プロセスを「模様替え」**するのはどうだろう。制約が生みだす、意外な発想がきっと手に入るはずだ。

---

**NEWest INFO**
## カードゲームスタイルのワークショップを開発

　このコンセプトは、働くすべての人の行動プロセスに関わるものだったこともあって、連載当時から「模様替え」実践のニーズが顕在化していました。

　固定化されたプロセスを崩す感覚を知ってもらう目的で、前出のロシア人の同僚（キリーロバ・ナージャ）と一緒に、カードゲームスタイルのワークショップを開発。「考える」「話し合う」「決める」「発表する」という既存プロセスカードの他に、8個の新しいプロセスをカード化しました。

　4～6人のグループになって、カードをシャッフルした

**プロセスの模様替えカード**
12枚の「オリジナルプロセス」で構成
されたカード。めくった順にアイデ
アを出していく

後、山として伏せて、メンバーが順に引く。そのプロセス
に従ってひとつの企画を作っていく、というシンプルなゲ
ームです。「スパイ」カードでにわかに他のグループを気に
したり、「ちゃぶ台返し」で全部ひっくり返って焦ったり
……。「応援演説」でいきなりキャラが変わる人もいます。

　学校の先生向けのフォーラムや、都庁の職員の方々への
研修、日本やアジアの学生向けの授業でも利用しています。

　また、既存のプロセスカードだけでなく、自分たちで「新
しいプロセスを作る」体験の重要性も広めています。

　カードは何が出るかわからない分、ハプニングが続出し
ます。うまくいかないこともももちろんある。けれど今、新
しいものが生まれる過程では、こうしたハプニング、予定
調和を脱した方法論が重要視されているのも事実です。

**POINT**

当たり前と思っている仕事の流れを、
一度解体してみると突破口が見つかるかもしれない。

まず、遊びから入ってみる

# PLAY FIRST

2017.06

射幸心を煽るなどゲームの中毒性に
頼るのとは違う形で、遊びやゲームの要素を
ビジネスに活用していく方法

**大山徹**
電通Bチーム「Play」特任リサーチャー／ゲーム
デザイナー。「あそびから入る」を自身のテーマ
として、広告、教育、ゲームを通じて、世の中がよ
り"楽しく"なるよう活動中。

## 「遊び」があると、難しいテーマもとっつきやすい

　文系の人間ほど、理系のものが苦手という人は多いのではないでしょうか。

　物質・材料研究機構（NIMS）は、金属材料および無機材質分野の研究を行う公的研究機関です。NIMS が物質や材料に興味を持ってもらうための入り口として公開している映像が面白いのです。それは、「未来の科学者たちへ」という映像シリーズです。

　たとえば「見えないガラス」。ガラスと同じ屈折率になるように配合された混合油に、ガラスを入れると見えなくなるというもの。

　そのガラスと油を使った特別なピタゴラ装置が不思議な現象を次々と起こしていく。屈折率を伝えるための映像に遊び心が入り、観るものを釘付けにするのです。

　物質や材料をただそのまま説明しようとしても理解してもらうのは難しいかもしれません。しかし、まずは興味を持ってもらおうということで、このような映像になっているのです。

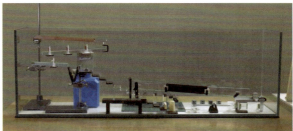

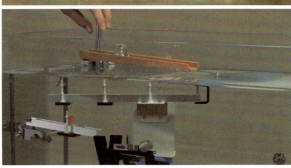

**NIMS
「未来の
科学者たちへ」
の動画**

この先どうなる？
そんな興味を引き
出してくれるとこ
ろから科学への関
心を高めていって
くれる

制作：佐藤雅彦＋ユーフ
　　　ラテス
製作：国立研究開発法人
　　　物質・材料研究機
　　　構（NIMS）

先ほどは理系の話でしたので、次は文系の話。東京・荻窪の「6次元」で定期的に行われている小説のワークショップがあります。

ショートショート作家の田丸雅智さんが実施している「ショートショート講座」です。専用のノートを使い、参加者は直前の人が書いた文章を読みながらその続きを書いていき、1つの物語をみんなで完成させていきます。原稿用紙1枚分の物語が15分ほどで次々と出来上がっていきます。

小説を書く、と聞いてしまうとハードルが高い行為に聞こえるのですが、このワークショップでは、**遊びながら書く**ことによって、誰でも楽しい物語が書けてしまうのです。ワークショップ受講後、物語を書くのが病みつきになってしまったという人もいるようです。

## 「楽しい防災訓練」に「楽しい金融商品」

このように一見難しそうな事柄も**「遊びから入ってみる」**ことによって、見え方が変わったり、取っ付きやすくなったりするようです。

「遊び」と言うと、子どもっぽい、不真面目だ、など、なぜかビジネスからは遠いように感じる人も多いようですが、いえいえ、遊びには本来、人を惹きつける魅力があるはずなのです。

**遊びを入り口にすれば、世の中の商品、サービス、あらゆるものに対する興味関心を高めることができる**のではないかと考えました。これを**「PLAY FIRST」**と呼んでみることにしました。このPLAY FIRST、どのように活用できるのでしょうか。

たとえば「防災訓練」。

防災訓練がすごく楽しかったという人は少ないでしょう。それはそうです。訓練ですので真面目にプログラムが組まれていることのほうが多いわけです。

では真面目な防災訓練を、遊びを入り口にして、より身になるものに変えられないでしょうか。そこでスポーツクライミングを

取り入れることができないかと考えてみました。

　大人になると、縦に身体を動かすことが少なくなるそうです。小さいころは木登りやジャングルジムで垂直に登るという縦の動きが普段の遊びの中にあるのですが、大人になるとこれが減ってしまう。しかし、いざという時に縦の動きが必要になることがあります。水害で自宅の１階から入れず、２階から入らなければならなかったり、道路が塞がれていて塀を乗り越えてでも避難しなければならなかったり。

　クライミングという遊びの要素を取り入れることで、防災訓練はスポーツ方面から楽しくなるだけでなく、実際に役立つものに変わるかもしれません。


「金融商品」はどうでしょうか。

　未来のことを考えて、今からお金を金融商品に投資をする。わかる人にはわかるのですが、わからない人には本当にわからない。金融商品に縁のない人たちにわかりやすく伝えるにはどうしたらよいでしょうか。

　ある生命保険会社は、オリジナルの人生ゲームをつくったそうです。お金と人生が密接に絡みあったゲームの中で保険や投資がどのように働くのか、わかりやすく体感できます。

　バーチャルでありながら、リアルな体験ができるのもゲームのよいところです。投資の魅力をもっと伝えやすくするためにも、入り口は遊びを取り入れて、わざと難しくしないというのも手なのではないでしょうか。

## 遊びの負の面に注意し、本質的な要素を活用する

　遊びを商品やサービスなど、ビジネスに取り入れる動きは新しいことではありません。

　ゲーミフィケーションという言葉が流行したことは記憶に新しいと思います。ゲーム好きの私にとっては、とても喜ばしいこと

でした。しかし、ソーシャルゲームが隆盛していることもあり、遊びの中でも、人間の競争心、射幸心を煽る部分にばかり注目が集まり、遊びの負の部分だけにフォーカスをあてた感じに見えていました。

いつしか私の周りでも「ゲームの中毒性をビジネスに悪用している」というような声が聞こえてきて、ゲームや遊び自体の価値を下げてしまっているのではないかと危惧していました。

果たして、遊びやゲームは単に人を誘惑するだけのものなのでしょうか？　私は自分自身の経験から言っても、決してそうではないと強く感じています。

遊びはもちろんその遊技性が着目されます。しかし、それだけではなく、遊びの構成要素には、物語もあれば、頭を活性化させるパズル要素もあれば、さらにはグラフィックの美しさに代表されるアートの要素も持ち合わせています。決して中毒性を持つものだけが遊びではないのです。

「PLAY FIRST」によって改めて遊びやゲームの持つ力に光があたる。ポスト・ゲーミフィケーションのコンセプトにすべく、日々、何が実践できるのかを模索しています。

## NEWest INFO
## 「遊び」が教育を変える

SXSW（サウス・バイ・サウスウエスト）。近年は日本企業も数多く出展し、国内の注目度が上がっているイベントですが、SXSWの1週間前にその姉妹イベントが開かれていることはあまり知られていません。

SXSW EDU。教育のSXSWです。世界の教育トレンドをいち早く知ることができるイベントだと聞き、アメリカはオースティンに旅立ちました。

　　**世界の教育現場では遊びの要素を積極的に取り入れてい
た**ことに驚きました。PLAY FIRSTの後日談として事例を
ご紹介します。

　　スタンフォード大学のd.schoolが実施していたDEEPER
LEARNING PUZZLE BUS。その名前の通り、**移動式の脱
出ゲーム**（エスケープルーム）です。

　脱出ゲームとは、中に閉じ込められた人たちが協力しあ
いパズルなどの謎解きをして脱出を試みるという世界的に
人気の遊びです。d.schoolは、コミュニケーションスキル
を学ぶための入り口として脱出ゲームを活用していたので
す。

　通常の脱出ゲームは、制限時間が来れば脱出成功、失敗
に関わらず自動的にゲームが終わるのですが、このPUZZLE
BUSは終了してからが本番。

　参加者がどのようなコミュニケーションを取り合ってい
たか、どのように協力していたか、なぜあのときに正しい
行動を起こさなかったのか。**参加者と一緒にバスの中にい
たファシリテーターと会話をしながら行動を振り返る**こと
で、コミュニケーションスキルを深めていくというプログ
ラムになっていたのです。

**POINT**

　　**中毒性や射幸心を煽る側面を乗り越えながら、
　　「遊び」を取り入れることで、
　　ビジネスの間口は大幅に広がる。**

話題の波はこうしてできる！

# BUZZ サーフィン理論

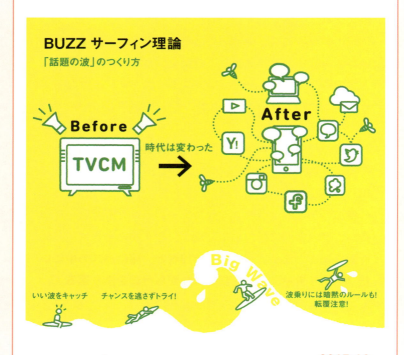

「日清のどん兵衛」大ヒットの答えは、「バズ」。
芸人が発した言葉に、日清食品がうまいリアクションで
応じ、大きな波となって流行を呼び起こした

川上宗一
1998年電通入社。マーケティング局、営業局を
経て、電通デジタル代表取締役社長。執筆協力
は尾上永晃、藤田啓介。

## ■「10分どん兵衛」のバズり方に学ぼう

　私たちは、仕事柄、よく「バズらせたい」という相談をいただきます。つまり話題をつくりたい、商品をブームにしたいという相談です。今日はその「バズのつくり方」について、お話ししようと思います。

　Yahoo!やTwitter、Instagramなどのタイムラインを、3〜4日眺めてみてください。世の中には、実に多くの発信者がいて、彼らからさまざまな「話題の波」が生まれていることがわかります。
　私たちは、企業の相談に応えるなかで、どんな人たちがどんな話題をつくっていて、企業がどうリアクションすれば適切な話題が生まれるか、ということを考えるようになりました。

　たとえば、日清食品の「10分どん兵衛」という事例があります。芸人のマキタスポーツさんが「東京ポッド許可局」（ラジオ）で「どん兵衛は規定時間の5分で食べるより10分で食べるほうがうまい」と発言し、そのネタがじわじわと話題になっていました。
　日清食品はその波をキャッチし、企業からの「おわび」というリアクションをとったところ、「企業が公式に謝罪？」「10分どん兵衛って何？」「麺は伸びないの？」と、話題の波が急速に拡大。
　その波にさらにたくさんの人々が乗り、10分で食べるどころか、20分で食べたり、0分（お湯を注がず食べる）や10時間で食べる猛者も現れました。
　スーパーやコンビニの棚からどん兵衛はどんどんなくなり、商品は発売以来40年間で最高の売り上げを記録した、というケースです。

## ■小さい波を大きな波につなげる

　これは、世の中に生まれた話題の波をキャッチし、企業がある

方向からレスポンスすることで、大勢の人を巻き込む大波を起こすという方法論です。私たちはこれを「BUZZサーフィン理論」と呼んでいます（第一発見者はチームのソーシャルマーケッター藤田啓介くん　＊現・藤田デジタル代表取締役）。

この方法論は、企業と消費者が同じ波を見て、同じ文脈を共有しているからこそ成立します。人々の気持ちや行動が見える、デジタル時代ならではのコミュニケーションだと思います。

このコミュニケーションの状況を海にたとえてみます。企業はこれまでテレビという大きな浜から、大勢の消費者がいる海に向かって、自家発電的に波を起こしてきました。

しかし海にも規制緩和が起き、「テレビ浜」以外にも大小たくさんの浜が出現。世界中の浜という浜が、直接、海につながるようになりました。

人々は好奇心の赴くままに自分の浜から波を起こすようになり、ピコ太郎のように千葉の浜から生まれた波（ピコ太郎は千葉出身の歌手という設定）が、海を超えて世界に広がる現象も起きています。

状況が一変した海の世界ではもはやテレビ浜のローカルルールは通用しません。だから、プランナーは、浜から出て海に入るようになったのです。まるで波待ちするサーファーのように海に浮かび、次々に生まれる波を注意深く見つめます。そして、いい波を見つけたら迷わず乗り、次の人が乗れるように、より大きな波を起こすのです。

その波に乗るサーファーの方々がBUZZの正体です。

## BUZZサーフィンの波はグローバル規模で展開

ところで、いま音楽の世界では、フリースタイルやMCバトルが非常に盛り上がっています。

　MCバトルの面白さとは、ラッパーが発したライムに相手のラッパーが呼応し、新しいライムをぶつけ合うという文脈対決にあります。

　ラッパーたちのコール＆レスポンス、波と波のぶつけ合いに観客も大いに盛り上がります。いま企業と消費者のコミュニケーションは、まさにMCバトルと同じ構造になっています。両者が同じステージに立ち、文脈に文脈を重ねあうことで、新しい熱狂の波を生み出しているのです。

　ファッションの世界でも同様の波が起きています。今年、フランスの高級ブランド・バレンシアガが発表したレザーバッグが、IKEA（イケア）のショッピングバッグにそっくり、という事件が起こりました。

　それを見た海外のネットユーザーが、「そっくりじゃん！」とツッコみ、その波をキャッチしたIKEAがふたつの商品の見分け方を示す広告を展開。他のネットユーザーたちも敏感にその波に乗り、IKEAのバッグを素材にしたオリジナルの帽子やパンツをつくって次々にアップ。想像を超える大波が発生しました。

**波に乗ったIKEAのリアクション広告**
高級ブランドとの見分け方を説明。バッグの価格は99セント

バレンシアガのバッグが2145ドルなのに対して、IKEAは99セントという皮肉が、波が広がる原動力になっていると想像できます（バレンシアガ自体、その価値の逆転をプロダクト開発の意図としている説もあります）。

　BUZZサーフィンの波は、多くの国やジャンルで生まれています。そこで最後に私たちがサーフィンをする際の注意点をお伝えしておきます。

　ひとつは、海では陸よりも企業のキャラクター性が問われるということです。自分のキャラクターを理解して、海の仲間たちから愛されなければ、波に乗るどころかすぐに転覆してしまいます。

　ふたつ目は、海のルールを学ぶということです。海には海の暗黙のルールがあります。広い海だからと、自分勝手に悪ノリしていると、総スカンを食ってしまいます。

　企業は消費者と同じ海に入り、同じ波に乗り合うサーフィン仲間です。ルールとマナーを学んで、正しく海に入らなければいけません。海には危険がつきものなのです。

### NEWest INFO
### 波に乗りたければ"キーパーソン"に注目！

　せっかくなので、後日談は、この理論の発見者、藤田デジタル代表藤田啓介氏に以下記してもらう。

　「この理論の発表後、携わった象徴的な事例としてカップヌードルの"デザイナーあるある広告"があります。ミルクシーフードヌードルのキャンペーンで、『広告制作物に対して、上司から理不尽な赤字が入りがち』という文脈を使っています。この波（文脈）は多くの人が知っていて、大きい波だと私たちは確信していました。結果、想像以上の『わかる』などの反響があり19万RT、さらに日本語でしか

公開していなかったものが勝手に翻訳されアメリカ、インドネシア、シンガポール、ベトナム、中国で30万RT以上拡散されました。この理論が世界でも通用することがわかりました。

　もし、みなさんが活用するとしたら、小さい波では小さい結果（拡散）しか生まれないので、大きい波を捕まえることをお勧めします。サーフィンと同じですね。

　また、波はいつも同じではなく、常に変化していくので、そこにも注意が必要です。最新の新しい流れは"キーパーソン"です。進化という名の退化をした現代人は、いかに頭を使わずに情報を処理するかを優先し、思考停止しています。その結果『どんな情報（what）』を『どう言うか？（how）』ではなく、『誰が（who）』言っているかを重要視しています。

　高級料理店で接待しなければならないとき、検索するよりも銀座のママのインスタを探して、彼女が行ったお店を調べるほうが確実だという具合に、現代人はキーパーソン経由で情報を取得します。単体のバズだけでなく、どの発言者を選ぶかで話題の流通量が左右する時代に突入しています」

**POINT**

## ネット上の小さい波をうまくとらえると、効果的に大きなムーブメントを起こせる。

クリエイティビティを豊かにする

# 変な宿題

「変な宿題」が、クリエイティビティを高める!

学んでほしいこと → 変な宿題 → 好奇心増幅

コラボレーション
時間管理
発想力　制約を活かす
マネージメント　etc…
リサーチ
プレゼン

課題を変にする

体験でいつの間にか学んでいる

映画『ベストキッド』モデル

次はペンキ塗りジャ!　Wax on　Wax off → パシッ!

ワックスがけをさせる　空手の防御になっていた!

2015.04

ノーベル賞受賞者はよく「興味、好奇心が大事」と言う。
では、それはどうやって育んでいけばよいのか。
そのカギはきっと「変」である

倉成英俊
電通Bチーム コンセプト担当特任リサーチャー。
1975年佐賀県生まれ。気の合う人々と新しい何
かを生むことをミッションに、公／私／大／小
／官／民関係なく活動中。

## みんな大好き、答えが１つではない面白い問題

「１週間が８日に増えたら、その１日何をしますか？　800字以内で書きなさい」

　この**不思議な問題**を見つけたのは、電通クリエーティブ塾の募集ページ。1998年、僕が大学院１年生の時です。

　僕の答えはこうでした。「ご存じの通り、カレーは煮込めば煮込むほど美味しくなる。僕はカレーが好きなので、１日増えた分、当然余計に１日煮込みますけど」という内容を800字に膨らませ、原稿用紙に書き付けました。

　その時、「あ、冷蔵庫にカレーのルーがあったな」と思い出し、刻んでティッシュで包んで、匂い付き作文として送付。結果、来たのは……合格通知でした。

　入社後も、**変な問題**は山ほど続きました。「彼女と喧嘩しました。絵だけで謝れ」「目が覚めたら蛇になっていました。よかったこと３つ、悪かったこと３つ書きなさい」とか。頭が痛い、けど、面白い。

　時は流れ、広告やクリエーティブの授業を頼まれるようになると、今度は僕が、授業で変な問題を出すようにしました。答えが１つでない面白い問いは、もっと小さい時からやればいいのに、と思っていたので。

　好評をいただいた時、ふと思いました。僕もみんなも、なんでこういう問題が好きなんだろうと。

## 「変な宿題」はいつの間にか成長を促す

　そこでやってみたのは古今東西の伝説の面白い宿題や授業の収集と分析。

たとえば、都立中学のあるグレートティーチャーの授業は「隅田川花火大会の翌日、新聞5紙の隅田川花火の記事を配り、何新聞が自分が見た花火を一番描写できているか比べさせる」というもの。面白いでしょう?

　その他、中学3年間1冊の本だけを読むという灘中の伝説の授業、日比野克彦さんの生徒の個人的な記憶を引き出すアートの教え方＠芸大、黒澤明さんの自伝『蝦蟇の油』(岩波書店)に出てくるハミ出た解答を褒める先生の授業、イタリアの幼稚園レッジョエミリアのワークショップから島津藩の郷中教育まで、たくさん見てみると、自分のストライクゾーンがわかってきました。

　それらは、とある映画に出てきた教育法に近いことを発見。アメリカの少年が空手を習いに行くと、車のワックスがけを大量にさせられ、以後連日雑用。空手はいつになったら教えてくれるんだ!　とブチ切れた時に、雑用の動きで空手の防御を教えられていたことがわかります。結果、大会で優勝する、というお話。

　そう、『ベスト・キッド』です。**教えたいテーマがあり、それを体験させて学ばせるために一見関係のない変な課題を出す。テーマは最後まで教えない。**これが私が発見した教育方法**「ベスト・キッド方式」**です。

　この方式に則って、クリエーティブに必要な要素(発想力／アイデアを量産する／制約を活かす／リサーチ／自分の尺度を持つ／人と協働するなど)を学ぶための、変な宿題を量産。さまざまな場所で実践してきました。名付けて「変な宿題」プロジェクト。学んでほしいことをストレートに出すのではなく、「変」な問題を1つかませ、いつの間にか体験して学んでいる。そこがポイントです。

## 好奇心に着火する変な問いの数々

　いくつかご紹介しましょう。

「プロジェクト初体験」は上海の復旦大学で行ったものです。1週間以内に人生で初めてのことをして、微博（中国版 Twitter）にアップしてください、というのが宿題。

彼女と服をまったく入れ替えて写真を撮ってきた男子、生まれて初めて男子トイレに入った女子、24時間しゃべらない日を過ごした生徒など、53人に初体験が生まれました。

ちなみに学んでほしかったテーマは「GAP の創造」。いい表現は人の日常に非日常を生む。まずは自分の日常で非日常を生み出す練習をしてもらったわけです。


「自己紹介してください。ただし10文字以内で」は、東京大学などの授業の冒頭で行った問題です。3分間いい感じの音楽を流し、曲が終わったら終了、発表してもらいます。この問題で、広告づくりのエッセンスを体験できます。

CM は予算とスケジュールの中で企業が伝えたいことを伝えたい人に伝えるもの。この問題では、3分で0円でクラスの人に10文字の言葉で伝える体験をしたわけです。同じですね。

写真協力：佐賀新聞社

**変な宿題の授業** 「校則に1行足してください」「1週間で何か初体験してきてください」「10文字で自己紹介してください」「食後感想文コンクール（何か食べて感想文を書く。この時はレモンキャンディー）」ほか多数実施中

その他、「校則の最後に1行付け足す権利をあげます。何を付け加えますか？」@有田工業高校、「食後感想文コンクール」@立命館大学ほか、「だれかひとりを喜ばせてきてください」@電通テック新入社員研修など、今まで25カ所以上で行ってきました。いつも予想を超える答えが量産される熱い授業になり、終わりに涙を流す回もあります。

　答えのない時代に、未来を切り開く人材を育てるために、一方通行でなく、主体的に学ぶ「アクティブラーニング」が教育界はもちろんビジネス界でも注目を集めています。**アクティブ＝能動的になれるかどうか、それは「好奇心」に着火できるかどうか**だと僕は考えます。

「Creativityとビジネスの成功のリンクが強まってきている」とはForbes JAPAN'S CEO OF THE YEAR 2016でのトム・ケリー氏の発言。Creativityの元も、好奇心や遊び心です。もし好奇心ランキングなるものがあったら、今の日本は世界何位でしょう？　効率重視で余裕のない現代ですが、遊び心や好奇心を大切にした国や企業が成長しているように感じませんか？

　変な宿題で、好奇心増幅の役に立てたら。やり方をお教えしますので、ぜひ変な問いをいっぱい一緒に立てましょう。

**POINT**

遊び心や好奇心がこれからの成長のカギになる。
それらを育むのは、正解が1つではない
「変な宿題」である。

# 18

建築家がハコより先につくった「楽しいこと」

# コン築

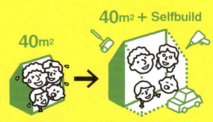

建築は「コン築」へ

✖ ハコから発想しない。
⭕ 中身が先、あとから建築。

**80㎡**
一般住宅

**40㎡**
貧困層の住宅

→

**40㎡ + Selfbuild**
公共の資金を住宅の半分に
集中させる。
残りの半分は住む人が環境に
合わせてセルフビルド。

2016.08

新国立競技場はなぜもめたのか？
外見のハコより先に中身のコンテンツから
発想していくという建築の潮流

奥野圭亮
電通Bチーム所属。電通1CRPクリエーティブ・ディレクター。
これまでCMプランナーとして数多くのTVCMやキャンペー
ンを手がける。最近では広告と建築の知識を活かし、駅前開発
やショッピングモール、都市計画などの分野でも活動中。

## 「ハコ」ではなく「コト」の建築

　最近、よく「モノよりコト発想だ」なんてことが言われますが、建築という圧倒的に「モノ」な業界においても「モノよりコト発想」というのは例外ではないようです。箱より中身、外見より中身、中身から外見が変わる、というような、建築だけでなく人間にも通じそうな「コン築」についてお話をしたいと思います。

　私、普段はクリエーティブ・ディレクターとして広告に携わっているのですが、学生時代に建築を学んでいたこともあり最近では建築分野に関わることも増えてきました。そこで気付いたのですが、どうも建築が変わってきている、と。そしてこれは建築だけの話ではなく、世界を変える可能性を秘めているのではないか、と。

　これまでの建築は、機能に合わせてハコをつくる歴史でした。お祈りをするための教会、オペラを楽しむための劇場、アートを展示するための美術館、といった具合です。しかし、2016年に、建築界のノーベル賞と言われる「プリツカー賞」を受賞したチリの建築家、アレハンドロ・アラベナ氏は違った。「ハコ」でなく「コト」をつくったのです。

　彼を有名にしたプロジェクトは、チリの貧困地区につくった公団アパート。そこに用意された公的資金はまったく不十分なものでした。その資金でハコを一生懸命デザインしても住居が小さすぎて、すぐに住環境が悪化してしまうことは明らかでした。彼は、この問題をアッと驚く方法で解決したのです。

　その答えはとてもシンプルで「住宅の半分をつくる」というものでした。彼は住宅の半分に資金を集中させ、キッチンや風呂な

ど住宅のコアとなる性能を飛躍的に向上させました。その代わり建てたのは半分だけ。まさに選択と集中をしました。

　でも、残りの半分はどうしたのでしょうか？

　ここが彼の発明でした。なんと残りの半分は住人に「セルフビルド」させたのです。家族構成の変化や、懐具合に合わせて、住人に建築してもらうプログラムをつくった。つまり彼は「ハコ」ではなく「コト」をデザインすることで課題解決をしたのです。

「でも素人がセルフビルドしたら、グチャグチャになるんじゃないの？」という疑問も出てきますよね。でも、これが大成功でした。むしろ、そこに住む人の個性が活き、多様性が生まれました。家の中から、「次はどんな増築をしようか！」「お姉ちゃんも大きくなったから、部屋をつくろうね！」なんて会話が聞こえてきそうです。

**未完成の新築住宅**
新築当時の写真。半分だけの住宅が並んでいる。キッチン・トイレ・風呂など最低限の要素が格納されている

©Cristobal Palma/Estudio Palma

**完成した増築住宅**
住まい手がもう半分を増築することで完成。色や形に個性が出て活気を感じる住宅街になった

写真はアラベナの事務所「ELEMENTAL」提供

　アラベナ氏は言います。「正しい『問い』を設定することが最も大切だ」と。なぜなら、いくら正しい答えを見つけても、出発点

の「問い」が間違っていれば素晴らしい正解には絶対に辿り着かないから、だと。

## ここでどんなコトが起こると素敵かという逆転の発想

この事例を知り、そこで起きる「コト」や中身から発想する建築、いわばコンテンツ発想の建築を「コン築」と名付けてみるのはどうだろうと思いました。ハコ発想の「建築」とあえて一線を引いてみることで、イノベーションが起こるきっかけになるんじゃないか、と。そんなわけで「コン築」研究をしてみようかと考えたわけです。

ニューヨークの人気スポットになっている「HIGH LINE（ハイライン）」も「コン築」の好例です。ご存じの方も多いと思いますが、これは貨物列車の廃線を再利用した南北2.3キロに延びる空中公園。

世界中から注目されたこの設計コンペには、なんと720案ものアイデアが集まりました。そんな膨大な案の中、どうやって１番を勝ち取ったのでしょうか？

建築デザインが素晴らしかったから？　もちろんそれもあったでしょう。しかし、審査員の心をつかんだのは、ハコ発想ではな

**空中緑道
「ハイライン」**
ニューヨークの町並みを一望できる空中に浮いた緑道。多くの市民や観光客が歩き楽しい賑わいが生まれている

©Getty Images

くコト発想のアイデアでした。

　そのコンセプトはプレゼンテーションの冒頭に集約されていた
そうです。

「ニューヨーカーたちは、みんな忙しそうに歩き、狭い歩道を縦
に並んで歩いている。ニューヨークに必要な公園は、カップルが
横に肩を並べてゆっくり歩ける場所だ」

　どんなハコにするか？　どんなカタチにするか？　というハコ
発想ではなく、**どんなコトが起きれば素敵なのか、社会にとって
意味があるのか。そんな中身から発想したアイデア**でつくられた
公園なのです。

## 「コン築」は建築以外にも広がっていく

　さて、このような中身発想の「コン築」が世の中に増えていく
とどうなるでしょうか。

　たとえば、コン築的な「学校」。みんなで教室をつくりながら、
その教室で学べる学校。個性的な教室になり、学年が替わるたび
変化していく。愛着も湧くでしょうから生徒たちも丁寧に教室を
使ってくれそうで、まさに一石二鳥です。

　また、コン築的「ショッピングモール」。モノをたくさん陳列す
る商空間ではなく「コト」をズラリと並べる。これならモノを買
わないと言われる若い世代も興味を持ってくれそうです。いろ
いろな体験をSNSで自動的に発信してくれるでしょう。結果的にそ
れがモノの広告になっていきそうです。

　さらに、コン築的「経営」はどうでしょう。組織という「ハコ」
からつくるのでなく「コト」、つまりプロジェクトや人材づくりか
ら始める。組織や企業自体がプロジェクトとなって成長していく

イメージです。ちょっと飛躍しすぎでしょうか。

　**建築からコン築へ。ハコ発想からコト発想へ**。ちょっとした違いのようですが、結果はずいぶん違ってくるようです。どこかの国の競技場の設計もコト発想で考えていたら、もっと面白かったかもしれません。少なくとも、聖火台を忘れたりしないでしょうから。

**POINT**

まず**コト**を考えてから建築するという
コン築の手法は、ジャンルを超えて、
既存の思考の枠組みを変える手段になる。

データ×クリエイティビティの新手法

# 情報の五感化

情報の五感化
体感して理解を深める!
**Infoexperience**

紛争地域 × その地域の食事を体験 = 揉めている相手の国を知る

**内閣支持率連動ハイボール**

内閣支持率が下がると、アルコール濃度が上がる → 政治を身近に感じられる

**株価連動社員食堂**

ご褒美メニュー
株価 → 社員が株価を意識する

2017.08

ビッグデータがビジネスを左右する時代、もっとデータの本質や背後に隠れる世界を体感できないか。
そうして生まれた新コンセプト

**鳥巣智行**
長崎出身の被爆三世で、平和担当。コピーライターとして新商品開発から広告コミュニケーションまで手がける。五島列島の図書館「さんごさん」共同設立者。最近トゥギョウザーはじめました。

　たとえば、内閣府の消費動向調査という統計を見たことがあるだろうか。エクセルにびっしりと数字が並び、本当は面白いはずのデータが見るのも苦痛になる。

　ビッグデータがビジネスを左右する時代、もっとデータの本質や背後に隠れる世界を体感できないものか。そうして生まれたコンセプトが、Infoexperience こと「情報の五感化」である。

　吉祥寺のハモニカ横丁に行くことがあれば、新名物「ハモニカハイ」を頼んでみてほしい。すぐに酔っ払ってしまうかもしれないし、酔っ払わないかもしれない。ハモニカハイは、そのときの政権の支持率によってお酒の濃さが変わる飲み物なのだ。

　内閣の支持率が下がると、アルコールの濃度が上がる。内閣の支持率は政治に興味がない人にとってはただの数字だが、アルコールの濃度になるとそれが急に身近に感じられる。

　日清食品には株価連動型のKABUTERIA（カブテリア）という社員食堂がある。社員に株価を意識してほしいという意図でつくられたこの食堂では、株価が上がるとマグロの解体ショーなどイベントが開催され、株価が下がると質素な食事になるという。

　株に興味がない人にとっては、生活の中で自社の株価を意識する瞬間はそうないのだろうが、社員食堂でマグロの解体ショーをやっていたら否応なしに意識をしてしまう。

　アメリカのピッツバーグには「コンフリクト・キッチン」と名付けられたレストランがある。ここではイランやアフガニスタン、キューバや北朝鮮などアメリカと衝突（コンフリクト）している国の伝統的な食事が出される。

　スタッフはできる限りその国に足を運び、現地の人への入念な

インタビューを行うという。レシピや食文化のことだけではなく、恋愛や宗教、経済やメディアなど文化や風俗についてもリサーチし、レストランで食事を提供する際の包み紙に印刷する。

　**敵対する国という印象や、その国に対する無関心を、食を通して解消する**ことにつながっている。普段は話しづらい政治的なことも、食事をしながらであれば議論しやすいというメリットもある。

## データ×クリエイティビティの新しい手法

　情報やデータに興味をもってもらう。難解なデータをわかりやすく伝える。その手法の代表的なものは、インフォメーショングラフィックスに代表される**「情報の視覚化」**だろう。

　地下鉄の路線図のような紙の上の表現はもちろん、動画やブラウザ上でのインタラクティブなものまで、実に多様な表現がなされている。とりたてて新しい表現ではなく、むしろ今では情報を伝える上で当然の前提条件になっているとさえ感じる。

　冒頭に紹介したハモニカハイやKABUTERIA、コンフリクト・キッチンは**情報を視覚化するにとどまらず、味覚化している**といえる。味覚化された情報は視覚化された情報とは質も量もまったく違う。

　データが重要性を増すと同時に、その活用法や見せ方、伝え方の重要性も増しているからこそ、視覚化にとどまらない情報の表現手法が求められているのではないか。

　そんな仮説をもとに、情報の味覚化をはじめとするデータ×クリエイティビティの新しい手法を**「情報の五感化＝ Infoexperience」**と名付けた。

　自分たちでも情報の五感化に取り組むべく、昨年、「景気のケーキ」なるものをつくってみた。

　電通総研がリサーチしている「消費マインド調査」の「１年前と比較してみるお金の使い方の変化について」という項目のデータをケーキにしたのだ。

　何の変哲もないデータをケーキにしてくれたのはcineca（チネカ）の土谷みおさん。土谷さんは映画をモチーフにした物語性のあるお菓子をつくる菓子作家として活動している。

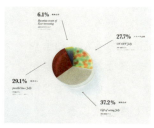

**景気のケーキ**
無機質な消費意識に関する調査の
データが、おいしそうなケーキに

**開けゴマプリンと
節約の賜物ゼリー**

ゴマプリンの底に、ゴー
ルデンキウイのゼリーが
隠されている

**右肩上がりの
ババロア**

ババロアが右肩上がり
に増えていくことで、
消費意識の増加を表現

　１年前と比較してお金の使い方はどう変化したかという質問に対して「増加志向」と答えた6.1％の人を土谷さんは「右肩上がりのババロア」で表現。安酒のジンでできたゼリーとオレンジのババロアの比率が右肩上がりで増えていくというもの。

「メリハリ志向」と答えたのは27.7％。オンを白ワインでつくったグリーンのゼリーで、オフの状態をほうじ茶でつくった赤いゼリーで「ON OFFゼリー」とした。

「節約志向」と答えた37.2％の人たちは「開けゴマプリンと節約の賜物ゼリー」になった。節約の末にたまっていくお金を、口の中で少し刺激を感じるゴールデンキウイのゼリーで表した。その

上にはゴマプリン。宝物など大切なものが隠された扉を開ける呪文「開けゴマ」にかけている。

最後に「変化なし」と考えている29.1％の人たちが、「平行線ゼリー」で表現された。ウーロン茶ゼリー、紅茶ゼリー、緑茶ゼリーでつくられ、それぞれ色は違うものの、同じ茶葉でできているため、それらを同時に食べてもマリアージュは起きず、味は"平行線"というもの。

土谷さんの創造性によって、**無機質なデータは魅力的なケーキとなった。**耳でコンセプトを聞き、目で美しさを楽しみ、鼻で匂いを感じ、舌で味覚の変化を味わう。それまでにない体験に、会場を訪れた人たちは笑顔になった。消費者調査のデータがこれだけの人を笑顔にしたことが、かつてあっただろうか。

情報の五感化には、まだまだ可能性がある。たとえばプロジェクト開始時のオリエンテーションをする際に、A4の紙に印刷したデータではなくて、「データのケーキ」を振る舞うところから始めてみる。データに対する理解度だけではなく、チームの結束も深まるだろう。味覚化以外にも、香りで、触感で、空間で、データとクリエイティビティの組み合わせは無数にある。

データが複雑さと重要さを増すなか、**データはクリエイティビティをより必要としている。**データはそこにあるだけだと、ただのデータだ。それをどう料理するか。新しい表現や体験がそこから生まれそうだ。

**POINT**

**データを五感を使って体感できるようにすることで、理解度が増し、より有効利用できるようになる。**

笑って許して共感できる！

# インクルーシブ・マーケティング

**インクルーシブ・マーケティング**
（誰をも受け入れる）

たくさんの客を喜ばすには？

1人 → 4人
25%OFF  100%OFF

**フライ・ベイビーズ キャンペーン**
機内で赤ちゃんが泣くとクーポンがもらえる

**トントンボイス相撲**
スポーツに「ゆるさ」を！

トントン  トントン

VS

**エクスクルーシブ・マーケティング**
（排他的で、特定客のみ）

2017.09

ストレスフルな現代社会。
ギスギスした世の中に疲れたみなさんに贈る、
みんながハッピーになる手段

**田中宏和**
電通Bチーム所属・社会学担当。シニア・コミュニティ・ディレクター。本業とは別に同姓同名収集家としての活動を行い、一般社団法人「田中宏和の会」代表理事、また一般社団法人「東北ユースオーケストラ」事務局長を務める。

## 赤ちゃんが泣くと乗客が喜ぶ飛行機!?

　乳幼児を抱えての公共交通機関での移動は、子育てママパパにとって苦行以外の何物でもない。泣きわめく赤ん坊に混み合った空間の乗客から突き刺さる冷たい目線はまさに針のむしろ。飛行機となるとベルト着用のまま身動きが取れず、子どもと一緒に消え入りたい思いに駆られるものである。

　ニューヨークからロングビーチに向かう満席の飛行機で着陸直前に赤ちゃんがギャン泣きして乗客一同から拍手喝采。これはアメリカの格安航空会社JetBlue（ジェットブルー）が2016年の母の日に合わせて実施したFlyBabiesというキャンペーンのPRムービーの一コマである。

　1回のフライトで赤ちゃんが1人泣くと、同乗の乗客全員が次回のフライトで25％オフのクーポンをもらえるという仕組み。つまり、4人の赤ちゃんが泣けば、次のフライトは全員がタダになる。

　先のシーンは4人目の赤ちゃんが泣き出した場面。動画は「Next time, smile at a baby for crying out loud.Happy Mother's Day.」のコピーで締めくくられる。赤ちゃんを「泣いて周りが迷惑する人」から「乗客全員をハッピーにする人」にする素敵なキャンペーンだ。

　キャンペーンの対象となった当事者だけでなく、SNSを通じた認知者がこの企画を実施した企業の価値観に共鳴、好感を抱くことになる。

## ダイバーシティという価値観の実践法

　このムービーを見て、「インクルーシブ・マーケティング」というコンセプトが浮かんだ。「インクルーシブ（Inclusive）」とは、「包括的な」「包摂的な」を意味し、「誰をも受け入れるマーケティ

ング」といえる。あえて定義風に表現するなら、「多様な他者を受け入れることをポジティブなエネルギーに変換し、顧客の創造や維持を図る行為」とでもいえよう。

2015年、全国初の「同性パートナーシップ条例」の導入を推進した東京都渋谷区の長谷部健区長は、その翌年20年ぶりに渋谷区の基本構想を改訂し、「渋谷をロンドン、パリ、ニューヨークと並ぶ、世界に誇れるような魅力あふれる成熟した国際都市にしたい」と、「ダイバーシティとインクルージョン」の価値観を強調した。
　その象徴的な政策は、多様な他者たるLGBT（レズ、ゲイ、バイセクシャル、トランスジェンダー）を積極的に受け入れ、それによって都市の活力とクリエイティビティを高めていこうとしている。

つまり、ダイバーシティという価値観を社会的に実装する方法論として、インクルーシブ・マーケティングが機能するのではないか。歴史的に世界中からの移民を受け入れてきたアメリカの高い国際競争力の相似形のように、米国企業がリードしてきた「ダイバーシティ経営」は、「多様な人材を活かし、その能力が最大限発揮できる機会を提供することで、イノベーションを生み出し、価値創造につなげている経営」（経済産業省「新・ダイバーシティ経営企業100選」より）である。
　**ダイバーシティは、インクルージョンという実践によってこそ実現できる。**

2017年6月初旬に期間限定のプレオープンをした、認知症のおばあちゃんたちが店員の「注文をまちがえる料理店」は、ハンバーグを注文したら餃子が出てくることをエンターテインメントに昇華したレストラン。
　過去に認知症介護のプロのドキュメンタリーを制作したNHKの

ディレクター小国士朗さんが、認知症であることが固有の価値を発揮できる寛容の場を創造した。

ややもすると「社会的弱者」としてレッテルを貼られる人たちが連携し、外の世界に開いていくことで生まれる新たな力を感じる。

**小国士朗著**
**『注文をまちがえる料理店』**
（あさ出版）
「認知症を抱える人」が接客をする不思議で
あたたかいレストランのものがたり

「スポーツ弱者を、世界からなくす」を標榜する、世界ゆるスポーツ協会も、かなりインクルーシブ・マーケティング志向だといえる。

誤嚥性肺炎のリスクが喧伝されるなか、「トントンボイス相撲」は発する「トントン」の声に合わせてステージが振動し、紙相撲力士を動かすことができる。

声を出すことで、高齢者に必要な「喉のリハビリ」になる新しいスポーツ。今後増大する社会保障費の抑制を考えれば、**「ゆるさ」が日本を救う**のかもしれない。

## すべての人がインクルーシブのターゲット

　**インクルーシブのターゲットは、何も赤ちゃんや高齢者、障害者に限らない。** 何不自由ない人であっても時に社会的弱者になる。特に災害時がそうだ。

　旭化成ホームズでは2016年の住宅展示会で「二世帯の防災」という冊子を無料配布した。親（高齢者、要介護者、障がい者）、子（女性、妊産婦・幼児）、それぞれへの配慮を通して、家を中心に普段からの安心・安全を考えさせる内容になっている。

　いわば、**多様なる他者に自分もなりうる**という想像力を働かせることが、マーケティングになるのである。


　「インクルーシブ・マーケティング」の対立概念は「エクスクルーシブ・マーケティング」、つまり排他的なマーケティングである。

　FacebookやGoogleが先導するデジタル広告の領域において、精度を求めるあまりの過度なターゲティング広告が問題視されてきている。

　効率的に短期の効果は上がっても、潜在顧客には届くことができず、中長期的に顧客価値を最大化しているとはいい難い。

　では、近年、最も成果を挙げたエクスクルーシブ・マーケッターの名前を挙げろと言われたら、迷わずドナルド・トランプと答えるだろう。

**POINT**

> ダイバーシティの価値観が広がる時代にこそ、
> 誰でも受け入れる
> インクルーシブ・マーケティングが有用。

スタートアップ中高年は、成功率が高い!?

# 人生二毛作「伊能忠敬モデル」

1st Stage of Life ➜ 2nd Stage of Life
Keep Going!

歩いて知識を得る、歩いてヒントを得る、歩いてきっかけを得る、歩いて金を得る。人生のセカンドステージで果敢に挑戦する人の前に、道はひらいている。

**CASE1／あわびの小学校**
海洋研究の専門家が、震災を機に一念発起。秋田の廃小学校を利用してあわびの陸上養殖を実現。

**CASE2／切り株ビジネス**
高知県にUターンしたサラリーマンが切り株を磨き上げ、国内外へお皿やインテリアとして販売。

**CASE3／下駄の鼻緒**
福岡のスタートアップカフェに通う80代のおばあちゃんが見つけた、新ビジネス。

**CASE4／葉っぱビジネス**
さしみの「つまもの」用に集めた葉っぱを全国に出荷し、中には年収1,000万円超えのおばあちゃんも。

2016.07

49歳で本業をリタイヤした伊能忠敬は、
残りの半生で地図づくりに没頭し、歴史に名を刻んだ。
人生第2ステージでの起業のススメ

**中島英太**
電通Bチームのフェス／DIY担当。クリエーティブ・ディレクター。これまで数百本のTVCMを企画。現在は広告クリエーティブのスキルを拡張し、事業開発や経営戦略の領域でも活動中。個人的活動として毎年上野で音楽フェスを開催している。

## 起業は若者だけのもの？

「スタートアップ」「起業」「新規事業開発」といった言葉からどんな人物像をイメージするだろう。20代から30代半ばくらいまでのエネルギッシュな若者、という方が多いのではないか。かく言う自分はすでにその年代を過ぎているが、私より年配の方々にとっても起業は決して無縁なものではない。

福岡市に起業を志す人を支援する、その名も「スタートアップカフェ」がある。社会人、学生、主婦、誰でも無料でコンシェルジュに起業相談ができる。

ここに足繁く通っているのが、82歳になる「松尾のおばあちゃん」。もともと物作りが趣味だった彼女は80歳を目前に下駄の鼻緒作りを始め、せっかくなので年配の人だけでなく若い人にも買ってほしい、と強く思うようになる。

ちょうどそんな時に新聞でカフェの存在を知り、ひとりで相談にやってきたのだ。彼女がつくる洒落た鼻緒はTSUTAYA BOOK STORE TENJINに置かれ、好調な売れ行きを見せた。スタートアップおばあちゃんは店頭に並んだ自分の商品を見て、とても感動したという。

## 人生の第2ステージで大成功した伊能忠敬

新しいことを始めたい気持ちに年齢制限はない。そのことを教えてくれる大スターといえば「伊能忠敬」だ（ネタが古くて申し訳ない）。

ご存じの方も多いと思うが、千葉の商人だった伊能は江戸時代もっともホットだった暦学・天文学に没頭するため、49歳で隠居。50歳にして江戸に出て19歳年下の学者に弟子入り。最初は面倒くさがられたようだが、圧倒的な熱意でまわりを認めさせ、さらには莫大な財力で自宅を天文台に改造、天体観測で大きな功績を残

す。その後55歳から72歳まで、17年間かけて全国を歩いて測量し、日本で初めて正確な地図を作り上げた。

　人生50年と言われた時代に50歳で新しいスタートを切った伊能忠敬だが、じつは当初彼がやりたかったことは「地球の大きさを測ること」で地図の作成はついでだったとか。地球の大きさを知りたい！その一心で私財を投げ打ち（一説によると10億円以上）、日本中を歩きまわった（その距離4万キロ）。

　商人として成功をおさめた人生第1ステージと、純粋なロマンに奔走した第2ステージ。ただひとつのことに捧げる人生も美しいが、伊能忠敬のような「人生二毛作」もまた素敵だと思う。

　江戸時代と違い、今は人生百年時代。高齢者の体力も年々上がっている。第2ステージをアグレッシブに活動する"イノウな人々"はさらに増えるだろう。ちなみに海外ではスタートアップのファウンダーは年長者が多いという調査結果もあり、50歳以上

**伊能忠敬は55歳のとき全国の測量を開始**

| 西暦 | 経歴 | 年齢 |
|---|---|---|
| 1745 | 上総国山辺郡小関村(現在の九十九里町)に生まれる | 0歳 |
| 1762 | 佐原の伊能家の婿養子になる | 17歳 |
| 1781 | 名主拝命 | 36歳 |
| 1794 | 隠居 | 49歳 |
| 1795 | 江戸に移り住み、天文方高橋至時に入門する | 50歳 |
| 1800 | 第一次測量スタート(東北・北海道南部) | 55歳 |
| 1801 | 第二次測量スタート(関東・東北東部) | 56歳 |
| 1802 | 第三次測量スタート(東北西部) | 57歳 |
| 1803 | 第四次測量スタート(東海・北陸) | 58歳 |
| 1804 | 正式に幕府に登用される | 59歳 |
| 1805 | 第五次測量スタート(畿内・中国) | 60歳 |
| 1808 | 第六次測量スタート(四国) | 63歳 |
| 1809 | 第七次測量スタート(九州一次) | 64歳 |
| 1811 | 第八次測量スタート(九州二次) | 66歳 |
| 1815 | 第九次測量スタート(伊豆諸島、忠敬は不参加) | 70歳 |
| 1816 | 第十次測量スタート(江戸) | 71歳 |
| 1818 | 江戸の自宅で死去 | 73歳 |
| 1821 | 大日本沿海輿地全図完成 | ― |

千葉県香取市
伊能忠敬記念館所蔵

好きなことに没頭！

地図づくりスタート！

17年かけて全国行脚完遂！

が成功する確率は25歳以下の２倍だとか。

## 「人生二毛作」は人生のイノベーションを起こす

　日本各地の事例を挙げる。

　秋田県の「アワビの小学校」。海洋研究の専門家だった菅原一美さんは定年後、のんびり過ごそうと考えていたのだが、震災を機にアワビの陸上養殖を実現すべく一念発起。廃校になった小学校を譲り受け、業者からもらった水槽を教室に並べ、ほぼ手作りで養殖場に改造した。アワビは非常に繊細な生き物なので、それこそ先生のように各教室を見回り、異常がないか確認。大変だがやりがいがある毎日だと言う。この小学校から卒業したアワビたちは地元のレストランのメニューに載っている。

　高知県で「切り株」を売る和田修一さん。サラリーマンを辞め、Uターンで地元に戻った時、都会にないものがたくさんあることに気づく。そのひとつが切り株だった。山から汚れた切り株を集めてきては磨き上げ、ウェブサイトで販売。はっきりした四季がある日本では年輪もきれいにつく。それが海外で評判を呼び、シンガポールやドバイの富裕層やハイブランドから注文が入るように。皿や台、メダルなど使い方はさまざまだ。

　映画にもなった徳島県の「葉っぱビジネス」。高齢者率が５割を超す、高齢化と過疎化に悩む小さな町はこれといった産業もなくピンチを迎えていた。そこでお年寄りでもできる仕事はないかと模索した結果、山に生える花や葉に着目。それらをつまもの（日本料理を彩る飾り）として売ったところ大ヒット。お年寄りたちは自分で全国から注文を受けて出荷、年収1,000万円を稼ぐおばあちゃんも現れた。新しい仕事は町全体を明るくし、高齢者に元気と生きがいを与え、町営の老人ホームは廃止になった（入る人がいなくなった！）。

　偶然かもしれないが、これらの事例からは共通して **「自分の足で歩く大切さ」** が見て取れる。

　伊能忠敬の場合はまんまではあるが、歩いて知識を得る、歩いてヒントを得る、歩いてきっかけを得る、歩いて金を得る。長年の知恵と経験に甘んじず、歩みをやめなかった者に新しい世界はひらけたのだ（さらに歩くことは健康にもいい）。

　そしてもうひとつ、**自分が興味を持ったものに対する愛と情熱。** 若い頃のような有名になりたい、大金持ちになりたい、モテたいといったある種の邪心が抜け、子供のように無邪気に対象物を追いかけるその姿勢も、成功の秘訣と言えるかもしれない。

　スタートアップの定義のひとつには「社会にイノベーションを起こす」というのがあるそうで、そういう意味ではこれらの事例は厳密にはスタートアップとは違うのかもしれない。

　けれど確実に言えることがひとつある。**彼らは自分の人生にイノベーションを起こした。** それは世の中を変えるのと同じくらいの意味を持っていると私は思う。

**POINT**

これまでの経験に頼らず、
自分の足で行動しつづける人の人生に、
イノベーションは起きる。

パンケーキ探しから、社会運動まで！

# ハッシュタグ進化論

2018.07

SNSの便利な機能から、
社会の常識を塗り替える道具に
進化してきたハッシュタグの秘密を探る

天野彬
電通Bチーム「SNS」担当。電通のソリューション開発
部門にて、新しいメディアの利用動向をリサーチ。近著
に『SNS変遷史』（イースト新書）、『シェアしたがる心
理』（宣伝会議）など。

## 「ググる」から「タグる」へ

Twitterを使い始めた2009年頃。一番感慨を覚えたのは、みんなのつぶやきはもちろん、ハッシュタグの機能でした。

あるひとつのテーマについてフォローしている人以外のみんなの意見が読める楽しさに、「これぞソーシャルネットワークだ！」と興奮したものです。僕もイベントの実況をハッシュタグ付きでガンガンしてみたりして、多くのユーザーとのやりとりを楽しんでいました。

インスタグラムが流行り始めたとき、ここでもハッシュタグが大活躍でした。女性と食事に行くお店を探すときは、喜んでもらえるようなオシャレなお店を見つけるために、「#お洒落なお店」「#雰囲気最高」などのハッシュタグでざっと写真を見てお店を選ぶということを日々やっていました。

このように、誰もがハッシュタグを使って情報を広げたり集めたりするようになっています。いまやユーザー数の拡大とシェアされる情報の質の高まりで、SNSは「人とつながりあう場」にとどまらない「情報と出会う場」の主役となっているのです。

僕は、若年層を中心としたSNS検索のありかたを指して「タグる（＝ハッシュタグ＋手繰る）」というコンセプトを提唱しています。情報との出会いは「ググる」から「タグる」へ。2017年12月のアップデートによってインスタグラムでもハッシュタグフォローが可能になったことから、さらにこの情報拡散のムーブメントは広がっていきました。

## 「#MeToo」のムーブメントが示すもの

ここでは「ハッシュタグ進化論」と銘打ったタイトル通り、ハッシュタグの進化のかたちを紹介します。

まずは「ハッシュタグを起点としたムーブメント」。日本でも流行った「#icebucketchallenge」はその好例で、著名人から一般人まで、数多くの人が参加。アメリカでは「#BlackLivesMatter」によって、人種の差別への異議申し立てが組織化され、ミュージシャンもこのハッシュタグに呼応するように楽曲を発表してファンを巻き込んでいくなど、ソーシャルな運動の核となるタグラインとして機能しました。

　そう、ハッシュタグはいわばSNS時代のメッセージタグライン。そして、分散化メディア時代のユーザーの新しい参加の手段です。自身の体験や思いをハッシュタグにまとわせたメッセージ込みでシェアし、広げられる。

　ここまでで挙げたのはどれもタグることによって、ソーシャルな課題に対するみんなの声をまとめあげていく動きで、「ハッシュタグアクティビティ」とも呼ばれています。

　この文脈でいえば、2017年もっともタグられたハッシュタグが「#MeToo」であることに異論はないでしょう。このムーブメントの発端となった記事はピュリツァー賞を受賞しています。社会的な異議申し立て、そのための連帯の印が日本も含めて世界中で拡散されていきました。#MeTooがあったからこそ、背中を押されるように自分の経験をシェアした人も多かったはずです。

　さらに、#MeTooは発展して、#WithYouというハッシュタグへと進化しました。「告発」から「被害者に寄り添うケア」へのメッセージの拡張が起きました。ハッシュタグによって、このソーシャルアクションのステージが変化していることがわかりますし、ボトムアップに生成・流通されるがゆえの「いきもの感」があらわれていて興味深く思います。

## ハッシュタグが社会のつながりを激変させる

「タグる」には、他のバリエーションもあります。最も日常的な

**ハッシュタグの進化の形**

**①情報を探す**

「#パンケーキ」などと
タグることで
目当ての情報にたどり着く

**②ジャンルでつながる**

関心のある人やコミュニティを
つかまえ、つながる
例:「#写真好きな人と繋がりたい」

**③ハッシュタグを起点としたムーブメント**

「#MeToo」運動のように、
体験や思いをメッセージ込みで
シェアし、広げる

使い方が「情報を探す」です。

　パンケーキを食べたくなったとき、検索サイトに「パンケーキ」と入れて探さずに、タグることで目当ての情報を探す人が増えています。インスタグラムで「#パンケーキ」と入れると、約430万件の投稿が見つかります。まずは「人気投稿」の欄をチェックしたり、ビジュアルの印象で選んだり。そうして目当ての情報（食べるべきパンケーキ）を探します。

　そこから派生して「ジャンルでつながる」というものもあります。インスタグラムでは「#○○好きな人と繋がりたい」というハッシュタグが人気です。たとえば「#写真好きな人と繋がりたい」は投稿数約3,200万件。関心のコミュニティをつかまえることが、これからのSNSマーケティングの重要テーマです。

　いまやタグることの実践は、モノやコトに関する意味付けや分類にとどまらず、その人自身の考えやアイデアを共鳴させていく

つながり／連帯の符牒（ふちょう）として機能しています。

ユーザーがよく使うハッシュタグを観察しうまく活用すること（図①）、それによってコミュニティを築いていくこと（図②）は、ともに重要です。しかし、ここで注目したいのは、ハッシュタグアクティビティ（図③）の事例から観察されるような、距離が縮まることによる「関係性の発展」。そこに隔たった距離感を「つながり」に変える、ユーザーをエンパワーメントすることがビジネスを含めた広義の課題解決につながる時代が訪れました。

マーケティングからソーシャルアクションまで、「＃タグる」がユーザー自身の参加性を前面に出した巻き込みのかたちとして、今後もっと大きなポテンシャルを発揮するでしょう。

所属する企業の施策や、趣味・関心のコミュニティなど、さまざまな場所で多くの人々を巻き込むようなハッシュタグを試すことが、未来の財産になるかもしれません。ハッシュタグの進化の波に乗るなら、きっと今です。

## NEWest INFO
## 「SNSの大問題」を解決する処方箋

ハッシュタグは「SNS時代のメッセージタグライン」であり、人々のつながりを促し、広義の課題解決に向けて活用するための社会的機能に他ならないと本論では述べました。人々の情報行動も「ググる」から「タグる」へシフトしているのだと。その立場はいまも変わっていません。

私事ですが、雑誌掲載後の期間は自著『SNS変遷史』（イースト新書）の執筆に充てており、改めて私たちの日々のコミュニケーションを俯瞰（ふかん）して考察する機会を多く持ちました。そこでのキーワードのひとつが、「ファスト／スローなコミュニケーション」という対比です。

　前者は速く、多く、ローコンテクストなものを広く拡散することが目指されます。それによって手早く情報が広がるメリットがあるのは間違いない一方で、「ファストに広がりすぎること」がもたらす問題に私たちの社会は直面しています。

　ファストの逆の志向性は可能なのか。つまり、**少しずつ広げていくこと、誤配を増やすこと。**ハッシュタグは、うまく使えばその処方箋になりえます。また、本論で述べたのもそのような利用法のススメに他なりませんでした。

　一方で、今SNS上での情報の出合いの多くは、アルゴリズムやそれに基づくレコメンド技術によって担われ始めています。特に生活者内での動画の存在感の高まりもあって、**「言葉×検索→動画×レコメンド」**というトレンドの萌芽が見られ始めています。YouTubeやTikTokを使うとき、オススメされて誰かの動画を見る比率が上がっていると一人のユーザーとしても実感します。

　ググるやタグるは能動的な一方で、今盛り上がっているのは情報過多時代において受動的に情報を摂取できること、ないしそれをサポートする機械の力です。そうした時代に、自らがムーブメントを生んでいくハッシュタグの力はどう変わっていくのでしょうか。両者の展開に目をこらしていく必要があると思っています。

**POINT**

**ユーザー同士のつながり、そして「関係性の発展」をうながすハッシュタグの進化が、ビジネスを含め、社会的な課題解決の手法として大きな意味を持つ。**

なりたいものに何でもなれる!?

# N人格

もし誰にでもなれる技術が誕生したら……。
少し先の未来に起きるかもしれない
変身技術と人格の使い分けについて予測する

三澤加奈

電通Bチームゲスト。昼はクリエーティブ
制作、夜はラボで研究・開発、サバイバル南
米長期出張を経て博士号取得。現在、ヘルスケアの事業開発に従事。

## 人は、そもそも多面性を持っている

私たちは、子供の頃から将来何になりたいかを問われ、アイドルやスーパーマンなど、無邪気に将来の夢を語ります。

大人になるにつれ身体能力、性格適性、得意科目などの向き不向きが出てくると、途端に夢から現実へ。やりたいことができれば幸せですが、そうでない場合、密かに思い描く夢を抱えている人もいるかもしれません。

**人は、そもそも多面性を持っています。**会社ではしっかり者でも、家庭ではぐうたらなど、同じ人とは思えないほど人格が変わることがあります。コミュニティごとで人格が違うばかりか、SNSでは年齢や性別さえも超越することができます。

作家の平野啓一郎さんは、著書『私とは何か』（講談社）の中で、たった一つの「本当の自分」とは存在せず、対人関係ごとに見せる複数の顔が、すべて「本当の自分」だとし、「個人（individual）」は英語の意味でいう分けられない存在ではなく、「分人（dividual）」という分けられる存在だと言っています。複数の人格の使用比率が違うだけで、すべてがその人自身という解釈です。

自分とは違う人格、キャラを演じることは、今に始まったことではありません。その昔、社会への風刺画は匿名で行われていますし、ラジオ番組に凝ったペンネームではがき投稿する時代もありました。

SNS時代になると、実名と匿名アカウントを複数運用。最近ではVTuberと呼ばれる3DCGのアバターを操作する動画配信が人気です。2017年、VTuberのアカウントを開設したねこますさんは、美少女のガワを被った男性YouTuberとして一躍人気に。男声と可愛いビジュアルのギャップ、コンビニバイトの日常の発信がファンの支持を得ました。

生身の肉体ではできない仕草もアバターを通すと、可愛い瞬き
や少女らしい動きができるようになります。

　文字や絵、音声、そして動画と発信できる情報量が増すことで
表現の幅が広がりました。今後、どのような技術で自己表現がさ
れるのでしょうか。今、盛り上がっているのは画面の向こう側、ネ
ット上の自己表現です。**現実空間で、なりたい自分を演出する方
法**を紹介します。

## テクノロジーが変身を可能にする

　ChameleonMask[1] は、遠隔にいる人とコミュニケーションする
目的でつくられた仮面型のテレプレゼンスシステム[2] です。博士
論文のテーマの一つとして筆者が開発しました。

**筆者が開発した**
**カメレオンマスク**

通称"Human Uber"。自身
の顔が映るお面を代理役に
被ってもらい遠隔から指示
を出す

　これまで人の代わりは、画面上ではアバター、現実環境では機
械が行っていましたが、他人（Surrogate）が担うと仮定した時の
UIを実装し、コミュニケーション効果を調べています。
　遠隔地にいるユーザは、仮面を通して遠くの人々とコミュニケ
ーションし、Surrogate には仮面内部のモニターでこっそり振る
舞いの指示を伝え、身体を伴ったコミュニケーションを実現して
います。
　実験では、仮面を被った人が、その人本人だとみなされるか調

べるために、孫が祖母に会いに行ったり、市役所で住民票がとれるか実験を行い、“その人”とみなされる傾向があることがわかりました。

　文化人類学では、仮面は中の人物を消失させ、仮面の存在に成り代わる手段と言われています[3]。そして、人にとって顔はインデックスであり、誰であるかを識別する重要な部位です。

　ChameleonMask は、仮面がディスプレイなので映る人物を変えることで、人格の切り替えが容易です。加えて、顔と身体を分離させるので、リアルではできなかった変身も可能です。

　一人の人間が複数拠点に自分の分身を複製したり、複数の人が自分の顔として交互に現れるといった使い方です。顔役、身体役が1対1の関係だけではなく、**1対N、N対1もありえる**ということです。

　次の課題は、身体です。身体までなりきるには、外見的な特徴と動作の模倣、感覚の共有を解決する必要があります。

　外見は、衣装や制服によって似せることができるでしょう。着ぐるみは、たとえ中身が人間でも、キャラクターの強烈な個性によって握手やハグを求められます。

　動作の模倣は、人の身体を筋刺激で遠隔操作する研究や感覚を伝送する研究が行われています[4]。これらの研究が面白いのは、刺激の遅延が短いと他人の動作も自分の体性感覚として感じるところです。

　そして、人が本来持っている力や動き以上の能力を技術的に拡張することで、まさにスーパーマンになることも夢ではないかもしれません。

## 新しい人格を生きることで新たに見えるものがある

　さて、人は何者であるかの自問自答から、**複数の人格（顔）を**

**元々備え、技術の進歩により人格の切り替えが容易になる可能性**を紹介しました。人生100年時代。自分の名前や顔を売り、実績を残してもまだ60歳。昔からの夢を叶えていくのはいかがでしょうか。

　ありのままの自分を愛すとは、**いろんな可能性がある自分を認める**ことだと思います。こなせる人は、副業ならぬＮ業でもいいでしょう。いろんな人物になりきるのは、役者だけの特権ではないはずです。

　男性が女性に、大人が子供になるなど立場が変わることで、見えない偏見に気が付くこともあるでしょう。映画『マルコヴィッチの穴』のように役から抜けられなくなるというオチだってあるかもしれません。

　新しい人格を通して友人が増え、仕事が始まるのも一興。そして、「自分の人格」をお休みする時は、ぜひ誰かに貸してあげてください。

【NOTES】
1．ChameleonMask
　　https://lab.rekimoto.org/projects/chameleonmask/
2．テレプレゼンス：遠隔地に自身がそこにいるかのように感じたり、遠くにいる人がこの場にいるように感じる感覚
3．『仮面の解釈学』（坂部恵著、東京大学出版会）
4．bioSync
　　https://junis.sakura.ne.jp/wp/portfolio-item/biosync/

**POINT**

人はそもそも多面性を持っている。
テクノロジーの発展で、私たちは複数の人格を
生きることができるようになる。

1つの企業が1つの地域を盛り上げる

# 一企業肩入れモデル

高齢化、過疎、教育、医療・・・・

課題 ＝ ビジネス
チャンス

肩入れした地域から
マーケットが生まれる！

一企業肩入れモデル

2016.05

1つの企業が1つの地域に "肩入れ" し、
片っ端から課題を解決していくことで、
今までになかった地域活性化が見えてきた

後藤陽一
電通Bチームエクストリームスポーツ担当として、エクス
トリームスキーの世界選手権Freeride World Tourを白馬村
へ誘致。同アジア事業統括に転身後、(株)Pioneerwork設立。
スポーツツーリズム事業を展開。

## 白馬とヤフーの意外なつながり

　ウィンタースポーツで知られる長野県北安曇郡白馬村。ここが長年にわたって抱えてきた課題は、グリーンシーズン（夏）の閑散期における集客施策だった。

　その解決策として2011年に始まった「白馬国際トレイルラン」は今、全国でも屈指のトレイルランニングイベントになっている。2015年の第5回大会では出場者約2,000人の枠に申し込みが殺到し、数時間でいっぱいになるほど。冬のスキーに続く新たな観光の目玉として、一年を通した白馬の雇用促進策として、村の活性化につながることが期待されるキラーコンテンツに育っている。

　このイベントの立ち上げと運営には、Yahoo! JAPAN（以下、ヤフー）の宮坂学社長以下、大勢のヤフー社員がボランティアで参加してきた。

　USTREAMでの中継や、エイドステーションの設営、後夜祭の運営も無償で手伝った。いや、手伝ったというよりもむしろ「主体者」として、進んで色々なことを企画して実行した。

　**ぐっと肩を入れて、社員も、そうでない人も巻き込む。**宮坂さんは、こうして地方を元気にしてきた。

　白馬の自然が大好きな宮坂さんは今、100マイル（約160km）のトレイルランニング、青木湖を使ったトライアスロン大会、世界の一流スノーボーダーを呼んで白馬の雄大な山を滑らせるイベントのアイデアを、地元の若いリーダーたちとともに構想している。

　2015年9月、ヤフーは白馬村と連携協定を結んだ。白馬高校へのICT教育の支援などを行い、観光や教育分野の活性化を目指すそうだ。

## 個人の思い入れは仕事に生かせる

　この事例を、最近よく聞く「地方創生」や「官民連携」という言葉で片付けるのは簡単だ。しかし、ヤフーのような社員数千人規模の上場企業が、創業の地でもない人口1万人弱の地方自治体と、こうして手をつなぐ事例は全国を見渡してもなかなか見当たらない。

　ヤフーと白馬村がつながったきっかけは、宮坂さん個人のルーツが白馬村にあったことにある。白馬村は、宮坂さんの父親の出身地であり、山口県出身の宮坂さんにとって第二の故郷であり、スポーツでリフレッシュするための場所でもある。

　とあるインタビューで宮坂さんは「社員には、会社の器を利用して、仕事を通じた自己実現をしてほしい」と答えている。これを一番実践しているのは、おそらく本人だ。宮坂さんがやっていることは、立場に関係なく、**個人が「自分の特別な思いをきっかけに行動すること」の大切さ**を教えてくれる。

　宮坂さんの頭の中は、いつもアイデアでいっぱいだ。社内を歩きながら、あたためているアイデアを社員に投げかける。「これさ、絶対いけると思うんだよね〜！」。筆者はヤフーで働いたことはないが、いろんな方からの話を聞くと、たぶん、こんな感じだ。

　だいたいのアイデアは実行には移されず、結局実現しないらしい。しかし、ヤフーのミッションと世の中の流れが、宮坂さんの思いのベクトルと一致したとき、ユニークなプロジェクトが生まれる。

　たとえば、3年がかりで2013年に実現させた「ツール・ド・東北 2013 in 宮城・三陸」。三陸の雄大な自然の中を自転車で走るレースだ。東日本大震災直後に、被災地の人から「とにかく人に来てほしい」という言葉を聞いたのがヒントになった。

2015年には「未来に残す、戦争の記憶〜100年後に伝える、あなたの思い〜」というプロジェクトを立ち上げた。これは、戦争に関する記憶や思いを未来に残すための特集だ。

　宮坂さんの祖父が戦争で亡くなっているという個人的な思いや、戦後70年が経過し、戦争を経験した世代から生の声を聞ける時間が残り少ないことへの危機感から、宮坂さん自らがリーダーを務めた。

　少し話は変わるが、ヤフーはオフィスでも自宅でもない「ベース（BASE）」を、全国につくっている。社内の人、社外の人にかかわらず、オフィスとは違うざっくばらんなコミュニケーションが取れる場所、というのがコンセプトだ。

　本社のある六本木には「六」を取って「BASE6」、震災後に石巻につくった「ヤフー石巻復興ベース」、北海道の美瑛町には廃校になった小学校を改修した「美瑛ベース」がある。

**BASE6**
山をイメージしてデザイン
された社員向けスペース

　そして、ずっと宮坂さんが"肩入れ"していた白馬には「白馬ベース」があり、同じく白馬にある宮坂さんの父親の遺した家は、雪にちなんで「ホワイトベース」と呼ばれている。

　ホワイトベースにはヤフー社員も頻繁に訪れ、そのガレージには社員のスノーボードがずらりと並ぶ。

## ▌"肩入れ" でビジネスチャンスが生まれる

　日本は "課題大国" だ。特に地方には雇用・教育などの問題が山積みである。だが課題を解決することはビジネスを創ることにつながる。考え方を変えれば、**日本はビジネスチャンス大国**なのだ。

　ただ、**あらゆるビジネスを取り巻く環境が急速に変化するなか、誰がどの課題に取り組むのかを、みんなで考えている暇はない。新入社員でも社長でも、誰が言い出してもよい。**

　たとえば、生まれ育った場所、好きな食べものの名産地など、理由は何でもいい。手を挙げた人をリーダーに、1企業が1つずつ、どこかの地方に **"肩入れ"** して片っ端から課題解決すれば、日本がもっと楽しく、いい国になるような気がする。

　　　　　　　　　（※取材内容は2016年当時のものです）

### NEWest INFO
## KDDIも白馬村と提携

　個人が「肩入れ」して着いた火も、単なる社会貢献ではなく、**「関わる人や企業、地域に新しいビジネスシーズを生むのだ」という強い意志とビジョンがなくては燃え続けることはない。**

　2018年、ヤフーに続いてKDDIが白馬村と連携協定を結んだ。なぜ白馬村とKDDIが？

　これもヤフーの時と同じく、白馬村とKDDIそれぞれに所属していた思いのある個人がリーダーシップをとって実現させた官民のつながりだ。

　KDDIの持つIoTや5G、ドローンといったテクノロジーを、熊の被害や除雪作業、エクストリームスキー・スノー

ボードの世界大会の映像配信といった村の課題と結びつけて解決していく。

　実は私は、電通Ｂチームのモットー「好奇心第一」に従って行動し、記事に出てくるエクストリームスキー・スノーボードの世界大会を白馬村に誘致した張本人だ。

　Ｂチームメンバーとして、祖父の別荘があり４歳から通った白馬に肩入れする個人として2014年にプロジェクトを立ち上げた。2018年２月に電通を退職し、今はスイスに本部のあるこの競技の国際競技連盟で、アジア地域の統括として、スポーツを通じて人、企業、地域をつなぐ仕事をしている。

　**個人の肩入れをビジネスに昇華させ、新しい産業の火を灯す。**次の日本は、そういう行動を起こす人が創っていくのだと信じている。

POINT

**理由は何でもいいので、個人的に"肩入れ"する
機会を仕事に取り入れるとビジネスチャンスは広がる。**

書いて、散らして、意外な発見

# ストーリー・プロトタイピング

ストーリー・プロトタイピング
── 数と自由度で勝負！──

Scribble

みんなの走り書きから商品開発

介護支援
Story

遊んでほしい

買い物のお手伝い

人命救助

アイデア
出ないな〜

Many Stories

INNOVATION!

プロトタイプから商品開発

One Story　Normal Robot

商社マンのストーリーが、
Soup Stock Tokyoに。

2019.08

「ストーリー」（物語）を
たくさん「プロトタイプ」（試作）し、未来を探る。
まずは「書き散らかして」みよう！

松原勇馬
電通Bチームゲスト。第1BP局所属。クリエーティブな
視点と手法を生かして「新しい仕事づくり」に取り組む。
現在、名古屋をベースにさまざまな［人、もの、コト］に
出会い中。

## 「ストーリー」は、コミュニケーションの大きな武器

　2歳になった息子が、便利な言葉を覚えました。

　それは「べーーだ」。まだ文章を喋れないので、不満や怒りをすべてこの一語に込めます。

　思い通りにいかなくて「べーーだ」、兄弟ゲンカをして「べーーーだ！」、アニメを観ている途中にチャンネルをかえられて「べーーーーーーーだ！！」。

　息子はこれから、たくさんの言葉を覚えていくでしょう。言葉を知ると文章が書けるようになり、文章が書けるとストーリーを紡げるようになります。**「ストーリー」は、コミュニケーションの大きな武器**です。


　ビジネスの世界には「ストーリー」や「シナリオ」を使ってキャンペーンを考えたり、商品を開発したりする手法が多くあります。

　たとえば「PRリリース」を先に書いてみて、逆算しながらキャンペーンを設計する。

　ターゲットのペルソナを設定して「カスタマージャーニー（顧客が商品やサービスを知り、購買するまでの『行動』『思考』『感情』などのプロセス）」でタッチポイント（接点）を見つける。

　起こりうる未来の可能性とリスクをシナリオに書き出して、解決策を考える「シナリオ・プランニング」もそのひとつです。


　どれも効果のある手法ですが、PRリリースをいくつも書くのは大変ですし、カスタマージャーニーもたいていは数タイプの検証。シナリオ・プランニングも4象限に整理するメソッドです。技術やアイデアの可能性を考えるとき、もっと短時間に、たくさん試行錯誤できる方法があれば……。

## できるだけたくさん「ストーリー」を作ってみよう

　そこで「ストーリー・プロトタイピング」のご提案。

　新しい技術やアイデアが生まれたとき、どんな人のために、どんな形で商品化すれば喜んでもらえるか？　みんなをハッピーにできるか？　「ストーリー」（物語）を、たくさん「プロトタイプ」（試作）することで未来を探るやり方です。

　ユーザー像も性別も年齢も、既存のイメージに縛られず、思いつくストーリーを片っ端から書き出していきます。

　たとえば「24時間、味が変わらないガム」をつくる技術が生まれたとします。24時間も味を楽しめることはもちろんすごいことですが、あえて開発者が狙った角度じゃないところから光を当てます。

　たとえば、

●長時間、味を楽しめる

　→緊急時の防災ガム？

●24時間経つと味が変わる

　→時計代わりのガム？

●噛むたびに成分を出す

　→継続的な栄養補給→登山用ガム？

●変わらない味

　→永遠の愛のメタファー→プロポーズガム？

●24時間、顎を動かす

　→エネルギーが生まれる→ガム発電？

●噛む枚数が減る

　→ガムを捨てる人が減る→街をキレイにするガム？


　できるだけ多く「ストーリーの骨子」を考え、300〜500文字ほどの物語に仕立てます。真面目な企画会議なら「え、なに言ってるの？」と相手にされないようなストーリーもウェルカム。

書き手のイマジネーションが膨らむにつれて「ガムにもそんな可能性があったのか！」とか「若者向けと思っていたが、シニアの女性にウケそう！」とか「まったくジャンルの違う企業ともコラボできそう！」とか。想像もしていなかったターゲット像や商品へのニーズ、使用シーンが見えてきます。

**ストーリー・プロトタイピング**
ストーリーを書いて、直して、妄想して、また書いて……プロトタイプを量産する

　**「ストーリー・プロトタイピング」の強みは、なんといっても数。**自由に発想を広げることで新しい発見につながります。

　私のケースでは、ある商品の根っこを見つける仕事に、CMプランナーやコピーライターと一緒に取り組みました。

　日ごろからクライアントのオリエンに「企画コンテ」や「キャッチフレーズ」を打ち返すトレーニングを積んでいるので、案の数にもスピードにも自信があります。

　性格も趣味も得意分野も違う3人のクリエーターが100案近いストーリーを考案し、仕事を次のステージに進めるお手伝いをしました。

## ■ お得で、誰でもできる「ストーリー・プロトタイピング」

それから**「ストーリー・プロトタイピング」は何よりおトク**。

AI搭載○○、新薬配合○○、世界初○○……実際にプロトタイプをつくれば莫大なお金がかかりますが、「ストーリー・プロトタイピング」には（それほど）お金がかかりません！　紙とペン、パソコンやスマホがあれば、時間が許す限りいくらだって、ストーリーの試作品を作れます（書けます）。

今、商品を売るためのコミュニケーションは無数にあり、「広告」はあくまでそのひとつの手段です。

そんな時代にこそ「ストーリー・プロトタイピング」が広がれば、広告クリエーター（＝ストーリー開発のプロ）と企業（＝モノづくりのプロ）の「広告じゃない新しい接点」が生まれるのではと期待しています。

広告業界だけではなく、小説家、ライター、詩人……言葉を生業にしている方々にも活躍の場を生み出す可能性があるはずです。

商品の開発なんかやったことがなくても、理系じゃなくても、研究者じゃなくても、**「ストーリー・プロトタイピング」なら、誰でも物語で試作することができます。**

そう考えたら、ワクワクしませんか？　文字を書くのにお金はかかりませんし、どんな未来だって自由に想像することができますからね。

**POINT**

**「ストーリー」を使ってたくさん試作することで、
商品や技術の活用アイデアをおトクに発見できる。**

chapter. **3**

# 「逆」を行く
# ニューコンセプト 13

時代に主流というものがあるとしたら、現代の
それは正しい方向に向かっているだろうか。そ
うではないと感じるならば、逆流にチャンスあ
り。みんなが向いている反対に目を向けてみよ
う。基本、逆行は少数派のブルーオーシャン。逆
を見る広い視野と勇気があれば、ライバルは少
なく、インパクトは大きい。時代が順調でない
ときこそ、きっと逆は有効だから。現代に効きそう
な逆転の発想集をここに届けたい。

CEPT

21世紀版コロンブスの卵

# 大前提ひっくり返し

握らないからハムやチーズも OK！

超低速列車で景色を堪能！

Smack

いつも握りたての寿司なら回すな！

2016.02

大胆な行為から新種が続々誕生。
大前提を捨てることで見つかる「それアリかも」に、
ビジネスチャンスがある

中島英太
電通Bチームのフェス／DIY担当。クリエーティブ・ディレクター。
これまで数百本のTVCMを企画。現在は広告クリエーティブのス
キルを拡張し、事業開発や経営戦略の領域でも活動中。個人的活動
として毎年上野で音楽フェスを開催している。

## おにぎりの「大前提」を外してできた「おにぎらず」

　ご飯を「握って」つくるから、おにぎり。寿司が「回って」いるから、回転寿司。名前には、**その物をその物たらしめる「大前提」**が往々にして含まれています。では、その大前提をひっくり返したとき、何が生まれるでしょうか？おにぎりは、握らないおにぎり＝「おにぎらず」に、回転寿司は「回らない回転寿司」になりました。

　「おにぎらず」は、広げた海苔の上にご飯と具を載せ、風呂敷で包むように四隅から海苔をたたんでつくります。握る必要がないので、手が汚れないし、熱々のご飯でも大丈夫。平らな形をしているので、ハムやチーズといった食材も具にでき、小さな子どもでもこぼさず食べやすい。握ってつくるのをやめたことでさまざまなメリットが生まれ、主婦やOLの間で一時期大人気に。流行語大賞の候補にもなりました。

**おにぎらず**
キャッチーな名前もヒットの要因だったおにぎらず。構造的にはクレープに近い

　「回らない回転寿司」では、タッチパネルで注文した寿司がまっすぐな高速ベルトに乗って運ばれてきます。回転寿司が鈍行列車だとすると、こちらは特急。客はいつも握りたての寿司を食べられますし、店側はぐるぐる回った挙げ句、誰にも食べられなかった寿司を廃棄しなくて済む。というわけで多くの店舗で回転寿司

の回らない化が進みました。

## 固定観念をひっくり返すと楽しさ倍増！

　世の中にすでにある物の大前提をひっくり返すことで、それまでなかった新しいメリットをもつ新種を生み出す。この技を「大前提ひっくり返し」と名づけました。このやり口で生まれた新種は、さまざまな分野で見つけることができます。事例をもう少し。

　**本屋は本を買う場所、という大前提をひっくり返した**のがホステル「BOOK AND BED TOKYO」。コンセプトは「泊まれる本屋」。本屋といってもここで本は買えません。その代わり本屋のようにたくさんの本が並ぶ空間の中で泊まることができます。これが本好きの人にはたまらない体験だそう。ベッドに横たわりながらお気に入りの本を読み、ウトウトと眠りにつく……。あの至福の瞬間のスペシャル版が味わえるとか。

　新潟県の北越急行が走らせたのは、超特急ならぬ超低速列車。通常１時間程度で走る区間をのんびり４時間かけて走行したところ、「景色がよく見える」「トンネルや橋の構造がわかる」と鉄道ファンの間で話題に。**できるだけ早く目的地に到着する、という鉄道の大前提をひっくり返し、**エンターテインメント要素をもった鉄道として人気者になりました。

## 本当の価値は「大前提」と別のところにあった

「大前提」を辞書で引くと「あるものの、成立・存在の根本となる条件」とあります。そんな大事なものをひっくり返してしまったら滅茶苦茶になりそうですが、先の事例たちは新種としていいバランスを保っています。なぜでしょうか？

　それは、**大前提とは別のところに本当の価値や魅力があった**からだと思います。順に考えてみましょう。

　おにぎりの場合、その価値は「ぽろぽろ崩れやすいご飯をぎゅっと固めることで食べやすい＆運びやすい」といえます。それさえ担保できれば握らなくてもよい→じゃあ包んでつくる！　となるわけです。

　近年は回るレーンから寿司を取らず、注文して食べる客が増えている回転寿司。その価値を「レーンによって運ぶ手間が省ける。客席を増やし店舗を大型化できる」ととらえると、回る必要なし→直線レーンで！　となります。

　本屋はどうでしょうか。本というものは今どきインターネットでも買えますが、「本好きが幸福感に浸れるたくさんの本に囲まれた空間」は本屋にしかありません。その価値に着目し、本屋＝販売の場、という大前提をひっくり返すと「泊まれる本屋」が生まれます。

　北越急行に超低速列車が誕生したきっかけは、ライバル北陸新幹線の開通でした。もはやスピード勝負では勝ち目はない。では新幹線にない、ローカル線ならではの役割は何だろうと考えたとき、沿線の地域活性という価値に着目して生まれたのが超低速列車だったのです。

　物事が持つ価値は、常にユーザー心理や時代とともにあります。**いずれの事例も今現在の価値を見つけた時、大前提が不要だった。そこにひっくり返しのチャンスが生まれたのです。**

　大事なのは「当たり前の大前提」より「今現在の価値」。みなさんの身の回りにも、いろんな大前提があると思います。それが果たして必要なものかどうか、本当の価値は何かを考えることが、イノベーションが生まれるきっかけになるかもしれません。

　最後にもうひとつ。教育とは「教え育てること」ですが、個人的に振り返ると、人から教わるだけでなく、後輩や部下など人に教えることで逆に自分が成長することも多かったように感じます。

そこで、教育＝「教え育てる」という大前提をひっくり返すと、「教えず育てず」というやり方もあるのではないかと思いました。

　たとえば、子どもたち自身が教師となり、下の学年の子に勉強を教えるプログラムなどです。こういった能動的教育手法は**アクティブラーニング**と呼ばれ、現在日本でも広がりつつあります。

---

**NEWest INFO**
## プロ顔負けのアイデアが次々誕生

　私たちはこの「大前提ひっくり返し」をメソッド化し、いくつかの企業との新商品開発に使ってみた。

　山手線ゲームのような「大前提ゲーム」という建てつけにし、グループで次々と大前提を言い合い、ひっくり返していく。このひっくり返し体験は開発担当者にも新鮮だったようで、打ち合わせは大いに盛り上がり、多くの興味深いアイデアが生まれた。

　また、一般の方を対象に「斬新なお化け屋敷」を生み出すワークショップを開催。「お化けのいないお化け屋敷」や「2泊3日お化け旅行」など、プロ顔負けの面白いアイデアが次々誕生した。

　令和の時代は、いろいろな局面で古い大前提がひっくり返される時代になるだろう。そこではどんなものが生まれるのか。期待と不安が半々である。

---

**POINT**

「大前提」を一度忘れて「今現在の本当の価値」を
考えると、固定観念にとらわれない
画期的なものが生まれるかも。

162

あえてメニューは極端に

# 並と特上のススメ

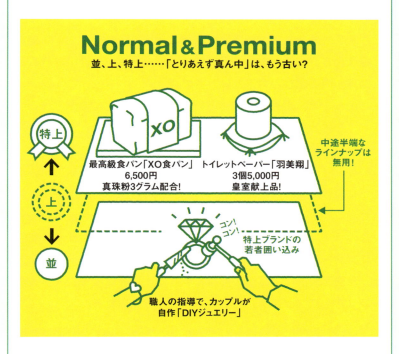

## Normal & Premium
### 並、上、特上……「とりあえず真ん中」は、もう古い?

**特上**

**↑**

**上**

**↓**

**並**

最高級食パン「XO食パン」
6,500円
真珠粉3グラム配合!

トイレットペーパー「羽美翔」
3個5,000円
皇室献上品!

中途半端な
ラインナップは
無用!

コン!
コン!

特上ブランドの
若者囲い込み

職人の指導で、カップルが
自作「DIYジュエリー」

2018.06

富裕層の消費動向をリサーチすると、
商品の価格にまつわる「あるトレンド」が発見された。
無難な選択をしない消費者をとらえる新商品戦略

**春原千恵**

電通Bチーム"富裕層マーケティング"担当。外資系金融機関2社を経て、
2011年に電通入社。入社後は電通金融プロジェクトに所属し、銀行、証
券、保険など、広く金融機関の課題解決に従事。その過程で社会階層の
構造に関心を持ち、現在はその形成上重要なファクターたる「コミュニ
ティ」を社会のインフラにするべく取り組んでいる。

## 「中途半端」は選ばれなくなっている

友人とランチで、初めてのお寿司屋さんに入った場合のことを想像してみる。

メニューは、並、上、特上。初めてのお店だから、特上が値段に見合ったものでなかったらイヤだが、並にするのもケチくさい。ここはやっぱり、「上ください」──。

こうした消費者の心理は、行動経済学で「フレーミング効果」と呼ばれる。性能・価格が高い順に3つの選択肢を提示されると、人は真ん中を選びがち、というものだ。

だからこそ、販売側は中くらいのラインナップに力を入れるべきだ、と言われたりする。

いわばマーケティングのセオリーともいえるこの現象だが、近年少し様子が変わってきた。**上は「中途半端」として選ばれず、並か特上のどちらかが選ばれる傾向が強くなっている**と感じるのだ。

このラインナップの**「並と特上化」**は、日用品など安価な商品カテゴリーに高付加価値品を投入するケース（並にプラス特上）と、車や宝飾品など高価な商品カテゴリーに廉価版を投入するケース（特上にプラス並）の2つに大きく分けられる。

## 並にプラス特上 ── ハレとケの使い分け

**「並」の商品カテゴリーで、「特上」の付加価値と値段をつけて販売数を伸ばしている商品**がある。

まず、兵庫県にあるパン屋さん、レトワブールの「XO食パン」。お値段なんと1斤6,500円。

食材にこだわり抜き、さらに美容にいいとしてクレオパトラや楊貴妃も愛用したといわれる真珠粉を3グラム配合。セレブな女性の心をくすぐっている。

また、高知県の望月製紙が販売する3個5,000円のトイレットペ

ーパー「羽美翔」も驚きだ。

　シルクのような柔らかさで、どこでカットしても上品かつお洒落に見えるようデザインされた優雅なイラストをプリント。1ロール1ロールに、皇室献上品であることがわかるシールが貼られ、京都の和紙職人が手作業で作ったストックボックスに収められている。

**羽美翔**
皇室に5年間献上していた一品で、何とも言えない繊細な柔らかさという

　こうした「並にプラス特上」の事例と関連性が強いのが、SNSの普及だ。**SNSにアップして自分を飾る「ハレ」の状態と、アップしない気を抜いた「ケ」の状態の使い分けが進んだ今の時代。人々は「ハレ」のときに使うネタを常に探している。**

　そんななか、超高級食パンも超高級トイレットペーパーも、話題性が高く非常にSNS映えするネタである。また、超高級とはいっても手が届く範囲の価格であり、反感を買いにくいのもいい。**「ハレの日」需要で、特上商品をまず買ってもらう。そして商品の魅力に目覚めさせ、「ケの日」にも同ブランドの並の商品を選ばせる。**

この戦略は、競争の厳しい安価な商品カテゴリーでブランドに特色をもたせて顧客を囲い込めるうえ、特上で覚えたスペシャル体験から、並の商品も他ブランドより高めの価格設定でも売れるというメリットもある。

## ▌特上にプラス並 —— 若者の囲い込み

逆に、高級車や宝飾品など「特上」商品を取り扱うブランドで、「並」の品質・価格設定の商品を投入するケースもある。

高級車の代名詞、メルセデス・ベンツのコンパクトクラスは、かわいらしさ、使いやすさを前面に押し出し、シティ・タウンユースに適したスタイルで販売台数を伸ばしているという。

ジュエリーブランドが提供する「DIYジュエリー」もその好例。「ケイウノ」には、カップルが職人のアドバイスを受けながらジュエリーを作るプログラムがある。

自分たちで作るため職人の工賃を省くことができ、かつ材料をカスタマイズすることでコストも抑えられるため、安価にジュエリーが手に入ると好評だ。

こうした「特上にプラス並」の事例の背景には少子高齢化がある。

若者の需要の取り合いになっている今、特上ブランドとしては早い段階から将来の顧客を囲い込みたい。そのために、本来ターゲット外の若い顧客向けにエントリーモデルを販売。

消費者をその瞬間の属性で切り分け、ターゲット外と切り捨てず、成長する将来の顧客として長い目でマーケティングする、という近年の流れに沿った戦略だ。

さらに、特上商品は高額だからこそ顧客との絆が弱くなりがちだが、並商品は日常を常にともにすることで愛着がわいたりと、ストーリーが生まれることも見逃せない。

こうしてロイヤルカスタマー化を促し、顧客に購買力がついた

ころに特上商品へとステップアップしてもらえばよいのだ。

　**中途半端を切り捨ててシンプルなラインナップで勝負する**ほうが、消費者に受け入れられやすいのは、情報が氾濫する時代だからこそ。

　作り手がフルラインナップでユーザーを迎えずとも、ユーザーは自ら情報を集め、意思決定ができる。作り手にとってもそれが利益となることは、これまで見てきたとおりだ。

　無難に上を注文することを前提につくられたメニューだな、と思いながらも上を注文するよりも、作り手のプライドを持った商品の二者択一を迫られるほうが絶対に楽しい。

　格差拡大が問題視され、一億総中流時代も今は昔だが、思想・嗜好の総中流化はつまらない。「とりあえず真ん中」が選べない世界は、思考停止が許されず厳しくはあるが、自律的な消費者を育て、多様なモノサシの存在を認めるという意味で、今っぽいのかもしれない。

---

**POINT**

「とりあえず真ん中」の中途半端さが敬遠され、
「並＋特上」「特上＋並」の販売戦略が
効果を上げている。

見落としがちな「当然」に注目する

# あたりまえメソッド

**あたりまえの秘密**

nonsense
無意味

**＋**

**STYLE**
ポエム、新書、80年代テクノ

ヒットの内部構造

$$(a = a)$$

あえて保温機能を削り大ヒット！

君が嬉しいと
あなたも嬉しい

？

目隠しをすると
何故だろう
何も見えなくなるんだ

コンピューターには
無意味なので
まったく反応できない

『あたりまえポエム』

炊くだけの炊飯器 ＋ ドヤ顔の鍋
（あたりまえ）

ドヤ顔演出が
重要！

パワーの力

高齢化する
老人

『あたりまえ新書』

2017.04

複雑な世の中を見渡すと、実は、
「あたりまえ」にこそ面白いヒット商品は多い。
では、あたりまえを面白くするヒケツとは

阿部光史

電通Ｂチーム「make」担当特任リサーチャー。第4CRP局
デジタルクリエーティブセンター所属。電子工作系クリ
エーティブ・ディレクターとしてさまざまな「作ること」
を探求している。Twitter:@galliano

## ウケる「あたりまえ」シリーズ

　月に一度開催される電通Bチームのポテンシャル採集会議。そのなかで流行っているものとして**「あたりまえポエム」**が話題に出た。

　これは企画作家の"氏くん"（@ujiqn）さんがTwitterに投稿したのが始まりとされ、「君のいないこの12ヶ月間　僕は１年のように長く感じた」や、「目を閉じると　なぜだろう　真っ暗になったよ」など、ごくあたりまえとされる内容をJ-POPの歌詞風にまとめたものである。

　続いて「あたりまえ新書」が紹介された。これも『パワーの力』や『右足を出して左足を出すと歩ける』『人は90％が９割』など、至極あたりまえな内容を新書のタイトル風にまとめた人気の企画で、これらの作品が採集会議のモニタに映し出されるたび、会議室は大きな笑いに包まれた。

　ところで私は広告を業とする人間として、世の中でウケているものについて、無意識のうちにその理由を分析する癖がある。このときもチームの前で、なぜこれらの「あたりまえシリーズ」が面白いのかについて即興で説明してみた。すると、なぜか大いにウケてしまった。では、そのときの分析を再現してみよう。

## 「あたりまえ」はなぜ面白い？

　まず理由のひとつ目は、**「構造の面白さ」**である。

　上記の例でいうと12ヶ月は１年であり、パワーは力。90％は９割。これは言い方を変えているだけで、内容はまったく同じものである。

　式にすると「a=a」であり、これが「あたりまえシリーズ」の内部構造である……。このあたりでは、まだみなキョトンとしていた。

パワーの力

人は90%が9割

高齢化する老人たち

あたりまえ新書

あたりまえ新書

あたりまえ新書

**あたりまえ新書** ドヤ顔スタイルで「あたりまえ」を語ると人の心が動く強い表現が生まれる

　　──では、これをコンピュータのプログラミング的に記述してみよう。それは定義文『int a=a;』となり、コンピュータはこの命令をすんなり読み込んでしまう。

　しかし、わざわざ定義するような内容でもなく、至極「あたりまえ」なので、何も反応は起きない。すなわちこの構造は、コンピュータにとってはまったく意味がなく、存在しないも同義である……。

　ここまで話を進めるころには、クスクスと笑い出す者が現れた。

　しかし、である。私は続けた。その対象が人間だと変わってくるのだ。**無意味には人を驚かせ、戸惑わせ、笑わせる力がある**。この無意味の力が、人間の内側から「面白さ」を引き出すのだ……。

　ここでBチーム議長の倉成英俊くんが「猫にネコ、と名付ける人もいますよね」と話をカブせてくるが、私はそれに構わず、さらに話を続けた。

　理由のふたつ目は、「**スタイルの面白さ**」である。

　これらの作品群は、「ポエム」や「新書」という独自のスタイルを持っている。どちらもなんとなくドヤ顔をしており、もっともらしく物事を語る、という部分が共通している。

　こうして「あたりまえで無意味な構造」に「ドヤ顔なスタイル」があわされた結果、「驚くほど胸に刺さらない」と評価される強烈なナンセンス表現が誕生した。

　ただし、無意味の鑑賞には、それをたしなむ力が必要で、人によってはあまりの意味のなさに怒りを感じるかも知れない。このころになると吹き出す者も現れたが、なかには目がちょっと真剣になっている者もいる。こちらは思いつきで話しているのだが……。

### 「あたりまえ」＋「ドヤ顔」の破壊力

　以上が現場の再現なのだが、この記事ではさらにその先も考えてみよう。

　上記のように、面白さは「構造」と「スタイル」に分けてみると理解が深まる。今回の例を式にすると、「あたりまえシリーズ」＝「a＝a（無意味）」＋「ポエムor新書（ドヤ顔）」となり、これはなかなかの独自性を持つ組み合わせである。
　ピコ太郎のPPAPで言えば、『ペンパイナッポーアッポーペン＝a＋b＋b'＋a（繰り返しの気持ちよさ）』＋『80年代テクノスタイル』と記述できる。

　ところで世の中を見てみると、最近は誰もが見落としていた「あたりまえ」と「ドヤ顔」の組み合わせが新たなヒットを生み出している。
　たとえば、保温機能をなくした炊飯器がバカ売れしているそうだが、ここには本来ご飯を炊くお釜に保温機能はなかった、というあたりまえがあると同時に、その分厚い鍋はいかにもドヤ顔である。
　また、日本酒の『獺祭』は杜氏がいないことで知られているが、ここでも『米＋麹＋水＝日本酒』という古来からのあたりまえと、

パリの三ツ星レストランで大人気というドヤ顔の組み合わせが熱狂的な人気を集めているのはご存じのとおりである。

　これらのように、近年のビジネスでは、それまで意味がないとされてきたような『あたりまえ』と『ドヤ顔』の組み合わせのなかに、ヒットを生み出すポテンシャルが隠れている可能性が高い。


　そこで、「あたりまえコンサル」という仕事を考えてみた。あらゆる業種に対して「a＝a」と「ドヤ顔」の組み合わせをひたすら押し付けていく、恐るべきコンサルである。
　それはきっと、常識的には無意味な「当然」を「ドヤ顔」で押し付けることで、クライアントを驚かせ、戸惑わせ、怒らせるだろう。
　しかし、この「あたりまえメソッド」が、昨今の複雑化しすぎたビジネスのなかで、迷子になってしまったあなたのビジネスを再活性化させるかもしれない。

**POINT**

「あたりまえ」と「ドヤ顔」の組み合わせの構造で、
見落としがちなヒットの芽を発見できる。

「寝ながら儲かる」アイデアの探し方

# ものぐさイノベーション

**ものぐさイノベーション**
イノベーションに、意識の高さは不要!「当たり前」が価値になる

当たり前の日常　　　　よそ者の目線　　　　意外な付加価値

面倒だから農薬は使わない　　バイヤーさん　　安全で味の良い野菜

2018.02

「面倒くさい」という気持ちは、
クリエイティビティの源泉になりえる。
「ものぐさ」からイノベーションへの新しいアプローチ

**山田遊**
電通Bチームゲスト。バイヤー・キュレーター。method
代表取締役。南青山のIDÉE SHOPバイヤーを経て、2007
年methodを創業。著書に『デザインとセンスで売れる ショップ成功のメソッド』(誠文堂新光社)。

## 「面倒くさい」から、極上の価値が生まれる

　以前、出雲大社の門前に、新しいおみやげ屋をつくるプロジェクトがありました。

　当時、脚光を浴びていたのは、「おみやげ屋のセカンドウェーブ」。店内に積み上げた箱菓子、手招きする店先のおばちゃん、なだれ込む観光客など「おみやげ屋のファーストウェーブ」といった従来の業態は、団体ツアーの減少とともに、限界が見えていました。

　その結果、地元の食材をロードサイドで販売する、地産地消の「道の駅」が、セカンドウェーブとして注目を集めていたのです。

　では、おみやげ屋のサードウェーブって、一体どんなものなんだろう？　僕はこの問いの答えを探しに、毎月のように島根県を訪れ、クライアントとの打ち合わせ前後に、周辺の道の駅をしらみつぶしに巡りました。

　出張の夜は、島根県産の豊かな山海の幸に舌鼓を打ち、また翌日には、出雲市内の別の道の駅を訪れる、という日々。

　そんなときに出会った道の駅の店長さんに、ふと「どうして島根県の食べ物はどれもこんなに美味しいんですかね？」と、僕の素朴な疑問をぶつけました。

　そのとき、彼の返した答えに、大きな衝撃を受けたことを、今でもはっきりと憶えています。

　曰く、「そもそも島根県は鉄道や道路などの輸送網が発達していない。だから、多品目の野菜を少量だけ栽培し、県内のみに出荷しているような小さな規模の農家が多いんだ。おまけに農家の多くは高齢化も進んでいる。この辺りの農家のおじいちゃんやおばあちゃんたちは、面倒くさいって言って、自分たちの作物に農薬や化学肥料を使ったりしないんだよね。そりゃ美味しいよね」と。

　無農薬や有機栽培の野菜の栽培は、意識が高い少数の農家の方々がやるものと、一方的に信じ込んでいました。

　ところが、**「面倒くさいから」という理由で農薬や化学肥料を使わないという、すこぶるものぐさな動機から生まれた、安心安全で美味しい野菜**が普通に買える。そんな環境がこの地域にはあります。

　もちろん、強い羨望を覚えたことは言うまでもありません。まるで、いつも必死に頭をフル回転させ、何とか新しいアイデアを捻り出そうとしていた僕の姿勢を嘲笑うかのよう。けれども驚くべきことに、農家のおじいちゃんやおばあちゃんの**「ものぐさ」から、確かな価値が生み出されていた**のです。

## ■「わざわざ」をやめ、「ものぐさ」に人が来るのを待つ

　こうして視点を変えてみると、僕が携わった過去の事例にも、この**「ものぐさな発想」から成功したもの**がありました。

　僕の会社が全体監修を務めている、金属加工の産地である新潟県燕三条地域とその周辺で、毎年秋に開催されている「燕三条 工場の祭典」です。

　かつては、三条市内中心部の広場にテントを張り、そこへ市内の事業者が集まって「越後三条鍛冶まつり」というイベントを行っていました。各自が自社商品の販売や実演、ワークショップを行い、来場者が燕三条の産業を体験するというものです。

　僕たちはその発想を根本から変えました。普段は一般の人々が入ることのできない工場が逆に扉を開いて、多拠点の会場とすることで、人々が自由に工場見学をしながら地域を巡る、というイベントにリニューアルしたのです。

　結果、それまでは1日の会期で、地元から数千人の人々が来場するという規模から、地域の100以上の事業者が参加し、4日間の期間中、日本各地から5万6,000人以上の来場者が集まる規模に

成長。同地域を代表するイベントとなりました。

　これも、「わざわざ工場の外へ出て、広場に集まって人々を呼び込む」より、「それぞれの工場が扉を自ら開いて、人々が来てくれるのを待つ」という、**ものぐさな発想から生まれた成功例**でしょう。

**燕三条 工場の祭典**

工場で働く職人が、現場を訪れた来場者に、直接、自分たちのものづくりを説明する

「燕三条 工場の祭典」実行委員会

　その他の事例としては、北海道小樽市で、年１回開催されている「国際スポーツ雪かき選手権」が挙げられます。

　小樽市では住民の高齢化に伴い、雪かきができない人々が増加し、深刻な問題になっています。そこで、このイベントを小樽商工会議所青年部とともに開催している、日本スポーツ雪かき連盟の発想は、まさに秀逸です。

　地元では毎年冬の厄介者である「雪をかく」という行為。それをアジアやオーストラリアから来る観光客が行う「スポーツ」に転換すれば、立派な観光資源となるというものです。これこそ一挙両得、いや、これこそ寝てても儲かる**「ものぐさイノベーションの神髄」**ではないでしょうか？

### 規制に立ち向かわずに、楽なアプローチを選択してみる

　2016年から東京都内で始まったフードデリバリーサービスUber Eatsはどうでしょうか。

　世界70カ国に展開する配車サービス「Uber」も、日本ではタクシー業界の反発から、苦戦。その配車サービスを「人」を乗せるのがダメなら「食べ物」、つまり「出前」に丸ごと転用したのがUber Eats。

　**規制の壁に立ち向かうのではなく、誰からも咎められない楽なアプローチを選ぶのは、まさにものぐさ的発想。**現在は、東は仙台、西は福岡まで順調にサービスを拡大しています。

　**たまには立ち止まったり、時には怠けたり、一見すると無駄な時間をものぐさに費やすことによって、物事を要領良く解決するようなアイデアは生まれる**のかもしれません。

　だって、現在の資本主義の象徴、マイクロソフトの創業者にして大富豪であるビル・ゲイツだって、ものぐさ精神の信奉者なのですから。

　*"I choose a lazy person to do a hard job. Because a lazy person will find an easy way to do it."*（難しい仕事は怠け者に任せる。なぜなら怠け者は簡単に解決する方法を見出すから）

**POINT**

　「ものぐさ」な動機にじっくりと注目してみると、
　イノベーションへの新しいアプローチが生まれる。

ゼロの価値を再発見！

# 無のチャンス

無のチャンス
—— ゼロに秘められた∞の可能性 ——

**Nothing or Chance**
$$0 = \infty\,?$$

Yomanai?

誰も借りてくれない本フェア
「貸出回数ゼロ」が、魅力に

サンダーパフォーマンス
「鉄を削る」が、エンタメに

バーニングマン
「何もない砂漠」が、最高の祭りの舞台に

2018.08

「無」だからこそ、面白い。
「無」だからこそ、魅力的。
そんな底知れぬパワーを持つ「無」の探し方

大山徹

電通Bチーム「Play」特任リサーチャー／ゲームデザイナー。「あそびから入る」を自身のテーマとして、広告、教育、ゲームを通じて、世の中がより"楽しく"なるよう活動中。

## ゼロだからきわだつ魅力がある

以前、国際基督教大学の図書館でこんなフェアが開かれました。「誰も借りてくれない本フェア」。

その名の通り、開館以降1度も借りられていない本が集められたそうです。この自虐的なネーミングも相まって、当時ニュースにまで取り上げられていました。

このフェアがなければ、注目されなかった本たち。面白いのは、1回でも借りられてしまっていたら対象にならなかったということ。**0回だから光が当てられた**のです。

サンダーパフォーマンスというものをご存じでしょうか。サンダーとは、木材や金属を磨くための電動工具で、金属に使用すると激しく火花が散ります。その特徴を利用し、エンターテインメントにできないかと考えられたのがサンダーパフォーマンスです。

旭川鉄工青年会が、鉄工業界のイメージアップのために始めたそうです。数々の名曲にあわせて、ステージにいるパフォーマー（本職は鉄工技能士のみなさま）が、サンダーを使ってリズムよく豪快に火花を散らします。

サンダーに、エンターテインメントの価値はもともとありませんでした。正確には、サンダーに人々を楽しませるようなエンターテインメントの要素などあるはずがないと誰もが思っていたわけです。

## 「無」のチャンスの探し方3つのポイント

どうやら、**「無」の周辺にはチャンスが潜んでいる**。そう思ってみると、世の中の見え方が少し変わるかもしれません。今回は**「無のチャンス」の探し方**を3つ紹介します。

①**「無」となっている偏愛を探す**

「仮面屋おもて」は、日本でおそらく唯一の「仮面の専門店」です。仮面は、もちろんみなさんご存じの顔につける仮面のことです。

東京の曳舟にあるお店の１階では店長おすすめの仮面たちが出迎え、２階にはアート性の高い仮面が並んでいる。

私は日本でただ一つの仮面専門店であると聞いたときに、意外だなと思いました。おそらく誰でも知っているあの仮面。なのに、これまでに専門店がなかった。**ありそうでなかった。つまり「無」だった**わけです。

店長ご自身がもともと舞台や映像作品に仮面を提供しているお仕事をされて、仮面アーティストの方々と触れ合っていくなかで、彼らの支援も含め、仮面文化をもっと広めていきたいと始めたそうです。

とてもパーソナルなところから生まれていると感じました。自分が本当に好きなものや、**自分だけがこだわりぬいているものは、世の中から見たら実は「無」なのかもしれません。** 個人でも、企業でも。自分だけがやってきていることこそ、これまでに世の中になかったかもしれません。**偏愛は、競合する者がいないので先駆けになることができる**のです。


## ②純度の高い「無」を探す

無が、「純度100％」なのかどうかも、無を生かせるかどうかの判断基準になるかもしれません。

バーニングマンは、アメリカはネバダ州にある砂漠で毎年行われているフェスティバルです。最大の特徴は、普段は人間がまったく生活をしていない砂漠に、１週間かけて擬似的な小さな都市が形成され、祭りが終わると同時に元の砂漠へと戻してしまうこと。

この砂漠には生活インフラなどは用意されておらず、地理的にも電波などが届かないため、外界と完全に遮断されています。そ

のため、バーニングマンには世界中からその特異な環境に身を置きたいという人たちが毎年5万人も集まるといいます。**純粋な「無」が人々によって神聖化されている**ような印象です。

　ポイントは、会場が人間にとって**完全に「無」の場所である**ということです。

バーニングマン
「無」と「有」の激しい差がこれだけの人々を惹きつけているのかもしれない

### ③時間を経て生まれた「無」を探す

　時間がたつことによって「無」となったものに光を当てることで価値が出てくる場合があります。

　"Museum of Failure" は、2017年にスウェーデンに登場した失敗作を集めたミュージアム（展示）です。これまでApple Newton、Google Glass や Harley-Davidson（ハーレーダビッドソン）の香水などの失敗作が展示されていて、来場者は展示作品から失敗について学ぶ機会が与えられます。

　展示されている失敗作は、どれも最初から失敗作であったわけではありません。発売されてから何年も経て人々の記憶から消えかけていました。**ほぼ「無」となったときに「失敗作」という役割が与えられたことで、最高の教材という価値を得た**のです。

## ┃「無」に目を向けてみよう

「無」は、とても見つけにくいものです。目に見えるものや普段よく聞くものは、見つけやすいに決まっています。だからこそ、**多くの人に見えていない、あるいは意識していない、顕在化されていない「無」にはチャンスがある**のです。

　強い偏愛こそ、世の中にとっては「無」かもしれません。本当に何もない純度100%の「無」も珍しいので、生かす道がきっとあります。また、時間が経過することではじめて「無」になっていたことがわかり、光を当てられる場合もあります。

　ぜひ今日から「無」に目を向けてみてください。昨日までは気がつかなかった「無」に。そこには、思いがけないチャンスが眠っているかもしれません。そういえば、星の王子様も言っていました。本当に大切なものは目には見えないのだ、と。

### POINT

強い偏愛、純度100%の「無」、
時間が経過し「無」になったもの。
まだ見つかっていない「無」に大きなチャンスがある。

「小」の価値に注目してみよう！

# スモールメリット

SMALL × SCALE

日本で変化を生むための仮説
「スモール × スケール」
メリットのハイブリッド作戦

**Influencer**

**Change**
ユニークで小さなモデルケースが、発信力のあるインフルエンサーや大企業、政府などを媒介として、新しい市場、新しいムーブメントへ。

**Government Big Company**

モデルケースとなりうる小スケールのプロジェクト

☐ ビジョン、哲学がある
☐ コントロールが利く大きさ
☐ 多様性がある（ジャンル、プレーヤー、手法、発端などに幅がある）

**Local**
地方ならではの産業やアイデア

**Small Company**
中小企業の技術や専門知識

**Skunk Works**
社員の業務以外での自主的活動

2015.08

経営規模が大きいほど生産性や経済効率が向上する
「スケールメリット」に対して、
「小」の利点が生かせる時代が到来している！

倉成英俊
電通Bチーム コンセプト担当特任リサーチャー。
1975年佐賀県生まれ。気の合う人々と新しい何かを生むことをミッションに、公／私／大／小／官／民関係なく活動中。

## なぜ小国エストニアは新しいことを早く始められるのか

　万物の始まりは常に小さいもの。『Forbes JAPAN』で始めた「NEW CONCEPT採集」の連載の1回目の記事（が、これです）も"小さいこと"から始めた。

　21世紀のブラブラ社員である僕はさまざまなところに出張するが、ずっと寄ってみたい国があった。それはエストニア。理由は、オープンガバメント率1位でも、スカイプを生んだ国だからでもなく、singing revolutionだった。1991年ソ連から独立時、歌で行ったという無血革命。歌で？　どうやって？　それが知りたくて、フェイスブック経由で友人が紹介してくれた夫婦にインタビューに行った。

　会ったのは、女性建築家KulliとToonの夫妻。お手製の伝統料理を前に、革命のことを聞く。

　彼女は当時18歳。「私は恋と革命で忙しかった」らしい。カッコイイ。歌で革命が起こった理由（5年に一度開かれる歌のフェスティバルの伝統と関係している）や、ヒューマンチェーン（1989年、バルト三国縦断600キロを人々が手をつなぎ人間の鎖をつくった）についても教えてくれる。

　そして「私たちは国をゼロからつくったんだ」とまたカッコイイことを言う。「配給だった牛乳が、独立して急に、あれ？　どこから手に入れるんだっけ？　となった。つまり貿易会社もなかった。外務大臣も30代。すべてはそんな所からはじまった」。

　Q&Aは「なぜエストニアは新しいことを起こすのが早いの？」「国が小さいから、シンプルに効率的にやらなくちゃいけない。それをみんなで考えてささっとやってしまうんだ」と革命以外へ発展し、最後、日本についての話になる。いわく「変化を生むには、日本も一度壊れないと無理じゃない？」「そしてもっと若者を抜擢

**Kulli & Toon**
**夫妻**

話を聞いた、タリン
出身建築家とオラン
ダ出身アートディレ
クターの2人

**Tallinn Song**
**Festival**
**Grounds**

歌う革命の舞台とな
った場所。今もエネ
ルギーを感じる(気
のせい？)

しないと」。

　通説の「創る前に壊すべし」も、彼らに言われると説得力が断
然違う。その通り。しかし今の日本でそれができるか？　古いも
のが簡単には壊れないだろう。では、**壊さずにどう変化を生むか？**
**それがきっと僕らの課題だ。**そう思いながら帰国する、以上がレ
ポートの超抜粋版。

## ┃「小」というスケールのメリットを生かす

　さて、そこでみなさんと考えたい。壊さずに変化を生む、その
方法を。たぶんヒントは、エストニアでいちばん実感した「スケ
ール」のことだ。

エストニアは130万人の小国（福岡市より小）。コンセンサスが取りやすく、フットワークが軽い。ビジョンそのままエッジの利いたアウトプットがなされる。つまり、**小さいことのスケールメリットを生かしている**。

　一方、日本や日本企業は大きく、規模はある。だがそのせいで動きにくい。実現までにイロイロあり、薄く丸いものになりがち。そもそもビジョンがないのが問題という説もあるけど。

　帰国後まとめた変化のための仮説が183ページの図だ。まずビジョンや哲学をキープしたままアウトプットできる小スケールでモデルケースを生む。それをスケールを持つ所が取り入れていく。**大小両方のメリットをうまく使うハイブリッド作戦**。

　これは、焚き火と同じ。はじめに紙に火をつけて、小枝に火をつけ、薪を燃やす。これで長く燃える大きな炎が起こる。しかし、今の日本は、丸太に石油をかけて早く大きな炎を起こそうとするインスタントなやり方が多い。西洋の概念の鵜呑みとか。だからビジョンがない物事が多く、大きな炎が起こらないんじゃないか。物事には順番がある。

## 個人的でスモールな尖った石を100個投げよう

　そんな矢先、今度は石川県で西田栄喜さんに出会った。耕地面積30アールの日本最小専業農家。小さい故のエッジィな工夫の数々。同業者はもちろん、農水省や著名ミュージシャンまでもが視察に訪れる。そして美味しい野菜だけでなく言葉もつくってしまう。

　僕が書いてきた「小さいことのスケールメリット」を彼は「**スモールメリット**」と表現する。そうそう、そういうことだ。彼はこのモデルの先駆者だ。

　世界の最小単位は個人。スモールを突き詰めると個人に行き着

く。大事なのは、**今こそ一人ひとりが、やりたいこと、好きなこと、信じることを、小さくていい、いや、むしろ小さく勇気を持ってやるべき、**ということだ。カドのある石をみんなで100石投じる。スモールメリットを生かして。それが小国ながらEUの星と言われるエストニアと日本最小専業農家から導き出せる、変化のためのはじめの一歩だ。

**POINT**

> まずは小さく、スモールメリットを生かして
> 成功例をつくり、それを大きな組織につないで
> スケールメリットで変化を起こすべし。

目利き不要のトライファースト

# 評価断捨離

**評価断捨離**

審査、吟味、選定、定義
などの評価をやめる

超アクション・ファースト

BUY NOW

すぐに
買える

$(\mathbf{X} - 評価) \times 実行 = \text{Brand New } [\mathbf{Y}]$

業界のセオリーでは ・・・・・・・・・・・・・・・・・・・・・・・ 製品化に半年以上

トレンド予想→デザインおこし→バイヤー・ファッション編集者を通す

難しいアート選定をスキップ

HOTEL + GALLERY

大人の審査をスキップ

子供たちにキャラクター
を考えてもらう

そのまま
ぬいぐるみの商品に!

2017.07

点数による評価や競争と、
従業員のパフォーマンスや収益は相関するのか?
さまざまな分野で「脱評価」の発想が広まっている

森口哲平

電通Bチーム「ルール」担当。2002年(株)電通入社。戦略部門、制作
部門、新規事業開発部門を渡り歩く。経営層のプレゼンサポートを
行う「Team CUE」をサービス化。また、4年前より、プロジェクト
やサービスをデザインするチーム「XDS」を立ち上げる。

## 広がりつつある「脱評価」の発想

「働き方改革」一色のビジネス界で、「No Rating」という言葉が散見されるようになった。人事評価のランク付けをなくすというものだ。点数による評価や競争と、従業員のパフォーマンスや収益は相関するのかという疑問から始まった。

実は、この「脱評価」の発想は人事評価にとどまらない。いろいろなところに広まっているのだ。

見極める、審査する、選定する、定義する。その多くは、その道を極めた経験者たちによって行われる。でも、待てよ。そういう人たちの常識が、万一、古かったら？　ご意見番たちの先入観や思い込みで、革新的な才能の芽を摘み取っていたら？

こうした根源的な問いに対して、評価などすっ飛ばして、とにかく思いついた発想をアウトプットに直結させることで、真新しい価値を獲得する、そんなチャレンジが今始まっている。

## 従来の評価をストップすると新しい価値が生まれる

伝統と革新、権威と反抗が拮抗するファッション業界で、2016年から賛否両論を巻き起こしているのが、SEE NOW, BUY NOW（今見て、今買う）と呼ばれる新しいビジネスモデル。

各地のコレクションで、シルエットやテキスタイルの変化以上に話題をさらったのは、その日のステージで発表される服に十分な在庫を用意し、僕らの望むものをそのまま届けるシステムだ。

長らく業界では、限られた一部から発せられるトレンド予想から、繊維工場が持つ素材の範囲でデザインされたものを、モデルがまとうのがセオリー。ランウェイで目にするのはファッション誌の編集者やバイヤーで、僕たちユーザーではない。

選ばれた一部の商品がファッション誌を飾り、僕らが袖を通す。このプロセスに半年以上かかる。

そんな時代は終わったとばかりに、トム・フォード、ラルフローレン、バーバリーなど世界的なブランドが、可能な限り早くダイレクトに僕らとつながる挑戦を始めている。

　**審査や定義の過程を脱して、新しさを得ようとする**つくり手のスタンスには当然抵抗勢力も存在し、猛烈な批判も。業界を超えて議論が沸騰している。まさにこの状態が、健全な革新のプロセスだろう。YouTubeもUberも初めはめちゃくちゃに叩かれた。

　ホテル業界にも例を見つけた。同僚が教えてくれたのは、多様なコンセプトのホテルがいまも生まれ続けるニューヨークにあって、面白い挑戦をしているTHE QUIN（ザ・クイン）。

　過熱するデザイン競争では勝ち目が薄いと踏んだオーナーは作戦を変更。ホテルロビーの装飾となる絵画をユーザーが買えるものにした。

**バーバリーのキャットウォーク**
業界に先駆けて、バーバリーは2016年のショーよりSee Now, Buy Nowをスタート

Ⓒ Getty Images

　買い手がつけば、タイトル横に赤い丸のシールが貼られ、展示終了後には買い手に発送されていく。ホテル側が自らのシンボルとして、高い絵画を仕入れるとなると、アートの評価は難度が上がる。選択はコンサバティブになりがちだ。

　けれど、売り物にしてまた新しい作品を仕入れられるなら、キュレーションの自由度は増すし、空間も常にフレッシュになる。この取り組み、一見の旅行者にもリピーターにも好評のようだ。

　世界的な家具量販店のイケアが、数年前から開催している「ソフトトイコンテスト」も大人たちの「こうあるべき」をスキップしている。

　12歳までの子どもが考えたキャラクター案の、絵の形・色をそのままに、年間10種類（2017年当時）がぬいぐるみになって、世界中のイケアで実際に販売されるプロジェクト。子どもたちの無限大の空想に手を入れずに形にしていくからこそ、毎年どんなものになるか気になるのだ。

　3年で10万点以上の応募があり、販売が軌道に乗っているだけでなく、寄付も行われている。この活動、子どもに選ばせたり、あるいは応募作品のなかから無作為に抽出した10個を形にしたりすると、さらなる不思議と出合える気がする。


　ビジネスの世界では、No Rating（人事評価の廃止）にシフトが進んでいる。人事評価において点数をつけることをやめる動きは、すでにトップ企業の半数に迫る勢いだ。

　日本企業がお手本にしてきたGE（ゼネラル・エレクトリック）の人事制度の代名詞となっていたのは、「業績結果×バリュー発揮」の2軸をそれぞれ3段階に分けた9ブロックの評価方法だが、これをGE自身が取りやめた。

　9段階の格付けで有名だったゴールドマン・サックスも、数値での評価を廃止。マイクロソフトが個人能力評価からチームパフォーマンス重視にシフトしたこともニュースになった。

もちろん、やめたらうまくいくというほど簡単なものではない。**変化への対応においては、数値的基準による意思決定が生むチャンスロスは決して小さくない**と、大企業の多くが考え始めているということだろう。

## 時には、評価から解放されよう

　僕たちが、評価社会で生きることは、簡単には避けられない。いまだに、アワード審査においてその道の権威が重用されている業界も多い。一部の専門ジャーナリズムの評論がユーザーの選択の多様性を奪っているケースもあるだろう。

　言語や文化の交錯するグローバル経済のなかでは、財務評価が経営における優先指標になるのも必然だ。

　もちろんそれらは、平等性や公正さのうえで正しい。厳しい制約や審査によって生まれる強いアウトプットもたくさんあるし、審美眼に鍛えられて成長し、安心や信頼を培う技芸や製品・サービスもある。

　一方で、その道に詳しいプロたちには、常識や当たり前という名の思い込みが存在する。それは、経験の豊かさゆえに生まれる澱（おり）として僕らの足元に静かに堆積する。

　だから、**時には足元をかき回して、評価から解放されよう**。人材だけでなく、世相やデザインやプロダクトやサービス、そしてそのアイデアそのものを生み出す際にも、まずはアクションを起こす、形にしてみる、世に問うてみる。そんな挑戦を、日々のアウトプット作業のどこかに取り入れてみてはどうだろう。

**POINT**

これまでの基準に沿った評価を
いったんやめることで、
新しい価値やアイデアを生み出す可能性が広がる。

いったん白紙化するビジネス思考

# エポケーのすすめ

epoché

「当たり前をいったん停止」

残業＝頑張り屋

ワークライフバランス

STOP

いったん白紙にする！

せんべい＝硬い

カッチカチやでー

ぬれせんべい

やわらか〜

ブレストで
可能性を探る

ボールペン＝消せない

ミス

消せるボールペン

2017.11

我々の生活は、常識的な習慣を疑うことで変化してきた。
常識とは覆されるものなのであれば、
新しい常識をつくってみるのはどうだろう

中谷俊介

電通Bチーム・未来予測担当。プランニング・営業
セクションを経て、現在は社内ナレッジマネジメ
ントを推進中。大学時代に学んだ（東洋）哲学がじ
んわり仕事に役立っている。

## "常識"を疑うことが求められる時代が来た

　人は誰でも常識が大きく揺らぐ経験のひとつやふたつはもっていると思います。筆者の場合は高校1年生のときに、それまで生まれ育った故郷の岐阜県を離れ、いきなりカナダのトロントに家族そろって引越したことが、人生で一、二を争う衝撃体験でした。

　たとえば、向こうでは親愛の表現として、友人同士がギュッと抱き合う、いわゆるハグはごく日常的に行いますが、それまでごく普通の地方都市で育った日本の純朴な高校生にとって、これはかなり戸惑いました。

　挨拶といえばお辞儀か、せいぜい握手しかない国から来た筆者にとって、ハグはまさに（ことに女性とのそれは）常識が塗り替えられる衝撃的な体験でした。


　私にとってのハグ体験同様、最近世の中のいわゆる"常識"と呼ばれてきたものが、どんどん塗り替えられ始めていると感じます。

　たとえば、バリバリ働くよりもゆっくり休むことが推奨されたり──。21世紀に入って15年以上が経過し、20世紀の常識が徐々に新しい常識に置き換わりつつある、そんな印象を受けます。

　そしてそのような時代の転換期には、これまで当たり前だと思ってきた"常識"をいったん疑ってみて、必要に応じて新しい常識を模索してみることが求められると思います。

## ビジネスシーンで応用できる"エポケー"

　西洋哲学に"エポケー"という言葉（概念）があります。

　もとは古代ギリシャ哲学の懐疑論者たちが「世の中には何一つとして確実なものはない」との立場から、「判断を控える」という意味で用いていましたが、近代に入り、現象学の創始者であるドイツ人哲学者・フッサールが、彼の提唱する現象学的還元（認識

の方法論）の中で、「我々が当たり前だと考えている認識・判断をいったんカッコに入れる（思い込みを一時停止してみる）」という意味で“エポケー”を用いました。

　有名な例として、目の前のコップに対して、フッサールは客観的な存在としてのコップがあるという思い込みはいったんカッコに入れて（エポケーして）、「コップが客観的に存在するかどうかはわからないが、とりあえず自分にはコップが見えている（意識できている）」というふうに、物質としてのコップの絶対性は問わず（そんなことは証明できない）、自分の意識の側から、そこに現れているコップを捉え、その意味を考えようという形で、長きにわたり哲学者たちを悩ませてきた「主観と客観は果たして一致するのか？」という難問に、一つの方向性を示しました。

　話が小難しくなってしまいましたが、この**“エポケー”という考え方は、実生活やビジネスにもかなり応用が利く**と思います。

　筆者が数年前に読んでとても印象深かった本に『生き心地の良い町』（岡檀著、講談社）があります。
　これは日本でも有数の自殺率の低さを誇る徳島県海部町（現・海陽町）に、当時大学でメンタルヘルス研究を行っていた著者の岡さんがフィールドワークに行き、その記録をまとめたルポルタージュですが、そこで岡さんが発見した、海部町住民が保持する自殺予防因子がとても興味深いのです。
　普通「自殺率が低い」と聞くと、住民はさぞ助け合い精神に満ちた人々だろう、などとつい思いがちですが、全然そんなことはありません。住民同士の関係はきわめて淡泊で、お互いの生活に過干渉せず、それぞれのペースで生きています（けっして一人ひとりが冷淡なわけではなく、他人は他人・自分は自分と思っている）。

私はこれを読んで、日本の地域コミュニティはおしなべて緊密につながっている、という自分の思い込みが、必ずしも正しくないことを知りました。それ以来、仕事で地域がテーマとなるときには、先入観を排して（エポケーして）、その地域（住民）独自の特色をよく知るよう心がけています。

## 思い込みを捨てると大胆なアイデアが思いつく

　常識というのは非常に強固な刷り込みであり、常識に逆らった発想をするのは、そう簡単ではありません。

　広告業界には、常識をいったん取っ払い、斬新なアイデアを生み出す"ブレスト文化"というものが根付いています。

　ブレスト（ブレインストーミング）とは、アメリカの大手広告会社BBDOのアレックス・オズボーン氏によって考案されたアイデア発想法です。

　ブレストは、自由な意見交換の場ですが、大きく4つの守るべきルールがあります。

### ①批判禁止
自由な発想を制限するような、批判を含む判断・結論を慎む
### ②自由奔放
粗削りでもよいので、奇抜な考え方やユニークなアイデアを重視する
### ③質より量
じっくりよいアイデアを出すより、とにかくたくさんのアイデアを出す
### ④結合と便乗
別々のアイデアをくっつけたり変化させて新たなアイデアを生む。便乗もOK

**会議では突飛なアイデアほど否定されがち……**

予算がない

うちの会社が
すべきことではない

そんなの
上司が許さない

成功例がない

社内にやれる人が
いない

時間がない

　お気づきかと思いますが、ルール①には「判断・結論を慎む」という "エポケー" が位置しています。つまり「予算がない」とか「そんなのは上司（会社）が許さない」といった常識（思い込み）をいったん忘れて、ニュートラルな状態から、思い切ったアイデア出しをすることが推奨されています。

　皆さんも、もし身の回りの常識に少しでも違和感を感じたら、迷わずエポケーしてみてください。今の時代、そこから素敵なイノベーションが生まれてくる可能性はきわめて高いと思います。

**POINT**

今までの "常識" や "制約" を疑ってみれば、
斬新なアイデアが生まれる可能性を高められる。

フィンランドに学ぶ最高の休み方

# 欲求反転法

happiness

原点の幸福に立ち返る
ー完全なOFFになる方法ー

Nature

do Nothing

Food      Relax

Z.z....      生理的欲求      Family

ON    OFF

安全欲求

社会的欲求

尊厳欲求

自己実現欲求

自己実現欲求

尊厳欲求    ①

社会的欲求

安全欲求

生理的欲求

逆ピラミッドで本質的な休暇を得る

マズローの欲求5段階説

2019.01

休日なのに抱えている仕事が気になる……。
「心から本当に休む」ためのヒントは、
高い幸福度で知られるフィンランドにあった

**小柴尊昭**
電通Bチーム・写真担当。ノンバーバルコミュニ
ケーションを武器に課題解決するフィーリング
デザインを提唱。21世紀の電通唯一の公式フォ
トグラファーでもある。

## ┃フィンランドの最高の休日

　夏休み、とれていますか？　私の周りで忙しい人は、夏休みといいつつも、実質の秋休みや冬休みをとる人もチラホラ見かけます。

　昨今の働き方改革のあおりを受けて、残業削減だけではなく、積極的な休暇取得もにわかに重要視されつつあります。「素直に休みやすくなった」という声もあれば、「仕事が終わってないから休むに休み切れない……」なんて声も。

　たとえ休みをとっていても、ココロから休めていなければ本末転倒ですよね。「どうすればしっかり休めるのか？」は、ワークスタイルを考える中で重要なテーマでもあります。

　ここでは、「休み方のコツ」についてフィンランドで発見したコンセプトをご紹介します。


　高い幸福度で知られている、森と湖の国フィンランド。多くの人が数週間ものサマーバケーションをとり、湖畔のサマーコテージ（夏の家）で過ごします。何をするでもなく、家族や友人とゆっくりと美しい夏を謳歌する。

　我が家も夏休みに、妻が過去に1年住んでいたフィンランドのクオピオにあるサマーコテージでのんびり過ごしたことがあります。

　そこで人生稀に見る、得も言われぬ「幸福感」と「心からの休み」を感じたのです。


　それは友人老夫婦の自邸の庭で家族・友人と食事をしているときでした。快適な天気の中にそよ風を感じ、キラキラとした太陽の恵みが白樺からこぼれてくる。

　友人が燻すスモークサーモンの香りを楽しみながらワインを飲み、子供と犬がはしゃぐ姿を見る……。

　なぜこんなに幸せなのだろうと考えてみると、過去にもフィンランドでのんびり過ごしたときに感じた経験と共通するのは次の要素でした。

その１　自然を感じる（そよ風・木漏れ日）
その２　食の喜び（スモークサーモンと白ワイン）
その３　信頼と安心（家族や友人との安心した時間）
その４　何もしない（行うのはただただ生きるための活動だけ）

　自然を感じるだけ、食事だけ、安心感を得るだけでも幸せですが、これらが同時に幾重にも折り重なったハーモニーを「何もしない」ことでしっかりと享受する。そのことが得も言われぬ幸福感につながったようです。

　これは**マズローの欲求段階説**に重ねあわせてみることができます。マズローの理論では、人間の本質的欲求として下支えしているのが、低次の欲求として括られる生理的欲求、安全欲求、社会的欲求です。その上に高次の欲求である尊厳欲求と、自己実現欲求が存在します。

　私がこの夏、家族とフィンランドで過ごした時間の要素は**低次の欲求がしっかりと満たされており、高次の欲求は完全にオフ状態**でした（思い切ってノートPCを日本に置いてきたのが功を奏

しました)。

## 欲求のヒエラルキーを反転させよう

　モーレツに働くことが美徳とされ、知らず知らずのうちに体に鞭（むち）打って名誉を得るなど、高次欲求が優先されることが多い時代。結局本当に休みを得るには、一度、高次の意識すべてをオフにして、低次の欲求をたっぷり満たすということが必要なのです。

　毎日の仕事を通じた高次欲求にとらわれるあまりに、忘れがちになっていた**「何が自分にとって大切か？」という問いに直面する**。それこそ充実した休みです。

　現代を生きるなかで偏ってしまった欲求ヒエラルキーを反転させて、人の原点としての幸福に立ち返るのが、この**「欲求反転法」**です。

　**低次欲求を取り戻そうという動きは、もはや一つの価値観になっています。**

　たとえばキャンプ。平日はしっかり都会で働いて、週末は大自然の中で、家族や友人とのつながりのなかで、テントを立て、食をともにし、生きることの原体験を感じる。他にも、過去には馴染みの薄かったコミュニティファーム。地域社会とつながりを得ながら、自ら野菜を収穫して命をいただく。これも高次をオフにして低次を満たす活動だといえるでしょう。

## 「欲求反転法」を応用してみる

　では、このコンセプトはどう生かせるでしょうか。高次の欲求で頭がパンパンになっている我々の日常に着眼してみるとさまざまなアイデアが浮かんできます。

### 【絶景一服エリア】
　ノイズをシャットダウンして絶景ビューを楽しめる休憩場。仲

間との雑談、味わいある一服、そして素晴らしい絶景が三位一体になれば、10分の休憩効率が大きく向上するはずです。

## 【裸足の社内パーク】

　靴を脱いでリラックスする、オフィス内の公園。本物のグリーン、ハイレゾの音響、本物の健康遊具。裸足でアスレチック運動でもすれば、ここがオフィスだったことも忘れてリフレッシュできるでしょう。

## 【何もしないツアーズ】

　高次をオフにできる、極上の低次充実旅行の専門旅行パッケージサービス会社によるツアー。たとえば行き先は、世界の最果てのような秘境温泉の囲炉裏端。四万十川の清流で行う瞑想タイム。日本一長く夕暮れを楽しめる海辺のカフェ。などなど、観光ツアーとは一味違う満足感が得られるでしょう。

　以上、アイデア例として企業での休みをテーマとしましたが、この現代において、欲求反転はさまざまな場所で汎用性があるはず。こんなことを書いていたら私も、今一度高次をオフにしたくなってきました。今度は家族で箱根に行こうかな……。

**POINT**

**高次欲求が優先される現代社会で、充実した休みをとるためには、低次欲求を取り戻すことが大事。**

こだわりポイントからいったん離れる

# 重くつくって、軽く売る

少し力を抜いて売ってみる **Airily**
── 脱・マーケティング ──

「こだわり」を
持ってつくる

「かかわり」を持って
軽やかに売る

焼酎ソーダ割りを提唱したり、
仲間を集めイベントを開催する

眉村ちあき
即興もできる実力派アイドル
そして代表取締役社長

森口貢
自身の戦争体験を語る
82歳のVTuber

2019.03

思い入れの強いものほど、人へ伝えることは難しい。
真摯なものづくりをする人たちこそ、
こだわりをいったん離れて売ってみてはどうだろう

**鳥巣智行**
長崎出身の被爆三世で、平和担当。コピーライター
として新商品開発から広告コミュニケーションまで
手がける。五島列島の図書館「さんごさん」共同設立
者。最近トゥギョウザーはじめました。

## ▌安易にこだわりを主張しない

　この世には、ふたつのタイプのものがある。こだわりを持って
つくられたものと、そうでもないもの。

　軽くつくられたものには、それらしいこだわりのストーリーを
付加して「重みづけ」をして売られていることもある。

　一方でこだわりを持ってつくったのに、そのこだわりが広がら
ず届けたい人に届かないケースもある。そんなときには「重み取
り」を試してみてはどうだろう。

　そんな**「重くつくって、軽く売る」**を実践しているのが、鹿児
島県のいちき串木野市にある大和桜酒造だ。

　杜氏を務める若松徹幹さんの朝は早い。仕込みのシーズンは毎
朝５時に起きて、地元でとれた750kgの新鮮なサツマイモを洗う
ところから始まる。

　芋焼酎に使用されるもろみの原料となるのは米麹。その元とな
る150kgの米も手洗いする。それらの作業を基本的に一人でこな
す。毎朝大量の原料を運び、洗うだけでも重労働だ。

　大和桜酒造の創業は江戸時代後期。昔からの工法を引き継いで
芋焼酎をつくっている。蔵を見学させてもらうと原料や工法など
あらゆる部分に工夫を感じる。

　こだわりの数々はブランディングやマーケティングに使えそう
だ。私はそんなことを考えてしまうが、若松さんは180度違うこ
とを考えていた。

**「こだわってつくるのはどこも同じ」**だから、それを前面に押し
出したいとは考えていない。

　たとえば地元の「鹿児島県産米使用」をうたえば、地元の米を
使用していない蔵にネガティブな印象を与えてしまうかもしれな
い。自分の蔵だけではなく、焼酎業界全体が盛り上がってほしい

と考えているからこそ安易にそのこだわりを主張しない。

## 買う人のことを第一に思いやる発想

　東京の広告代理店でマーケティングを手がけていた若松さんの
やり方は、正攻法とは少し違う。

　たとえば新しいラーメン屋をつくるときに、意図的に行列がで
きるようなオペレーションにする「行列商法」があるが、最近の
お客さんはそれが意図的につくられていると気づくと若松さんは
考える。

　酒も流通を限定し希少価値を高めるやり方もあるが、それはお
客さんにとって本当に幸せなことなのか。欲しい人が欲しい時に
買える方がいいだろう。

　そんな考えのもと、東京など県外へも自分の友達が多いエリア
の酒屋さんに卸すようにしている。ものづくりに対する「こだわ
り」とは対照的に、売り方は軽やかだ。

**大和桜酒造の
若松徹幹さん**
鹿児島の酒蔵にて。
徹幹さんは、トー
クも軽妙

　焼酎はシングル（単式蒸留）でクラフト。原料はシンプルでロ
ーカル、そして糖質もないからヘルシーだ。

　食に関する最近のトレンドを、焼酎はずっと前からやってきた
と若松さんは言う。前もって水で割っておいて一晩ほど寝かす「前
割り」という飲み方で焼酎を飲むと、自然派ワインと同程度のア

ルコール度数になるから自然派ワインが好きな人におすすめしているそうだ。

今では一般的になった「焼酎のソーダ割り」だが、若松さんがハイボールの流行から着想し、雑誌の企画で提案をしたのが普及のきっかけのひとつらしい。最近では、「白湯」とお湯割りを結びつけられないかと考えている。

地域の焼酎づくりを担う若手たちを集めて「SHOCHU MAKERs」というチームをつくりイベントを仕掛けたり、県内外のメディアで焼酎のあるライフスタイルの発信をすることもある。

こだわってつくったものを、業界内外の流行や仲間との「かかわり」で広げていく。若松さんの**「重くつくって、軽く売る」やり方は、つくり方と売り方の関係性を考えるヒント**になるかもしれない。

## あえて重くならないように伝える効果

若松さんと鹿児島の飲み屋で話をしているときに「眉村ちあき」の話で盛り上がった。彼女はアイドルでシンガーソングライターでもあり、実業家でもあるという。たまたま私も都内のライブハウスでパフォーマンスを見たばかりだった。

独特の歌詞とさまざまな音が入り乱れたポップでキャッチーな中毒性のある楽曲。即興でのパフォーマンスもすばらしく、会場は異常な熱気に満ちていた。

ステージ上だけではない。実業家としての一面があり「株式会社会社じゃないもん」を設立し、ライブの物販コーナーで株券を売っている。**自身の音楽を広く届けるために、株式会社の株券という重たい印象があるものを、超手軽に買えるように工夫をこらした**のだ。

もうひとつ事例を紹介したい。NHK1.5チャンネルから生まれた番組『テンゴちゃん』で、82歳の森口貢さんがVTuber（バーチ

ャルYouTuber）として自身の戦争体験を語るという企画があった。

　ゲームの中のようなバーチャル空間で、目が大きなアニメキャ
ラのような3Dのアバターが、戦争体験を話すというギャップもあ
って、つい引き込まれてしまう。戦争体験を伝えたい10代・20代
の若者に話を聞いてもらうために、彼らが支持するVTuberになっ
たという。

　**戦争体験や社会課題といった「重たい話題」を伝える時のアプ
ローチとしても、「軽くする」という手法は有効**だといえる。

　こだわりが強ければ強いほど、それを正確に伝えたくなる気持
ちもよくわかる。

　しかしラーメン屋の意図的な行列が見破られてしまうくらいに、
人々のリテラシーが発達した時代。しっかりとものをつくってい
れば、軽く売ってもその本質的な良さはちゃんと伝わるはず。真
摯にものづくりに取り組んでいる人たちには追い風が吹いている。

`POINT`

**あえて、こだわりを前面に押し出さず、
買い手や受け手と信頼関係を結ぶ方法が
結果を出している。**

未来を開拓する「とりあえずやってみる」精神

# すきまオーシャン

2018.03

ブルーオーシャンを探せ、というビジネスの常套句がある。
しかし、次の波に乗る競争だって、熾烈。
それなら、自分たちで作っていけばいい

飯田昭雄
電通Bチーム・ストリートカルチャー担当。ISHINO
MAKI2.0創設メンバー。A面では建築業界のクリエイ
ティブプロデューサー。温泉、スノーボード、ハワイ
島、地元八戸をこよなく愛する。

## 震災で力を発揮した「とりあえずやってみる」精神

2011年4月下旬、僕は友人とともにキャンピングカーの荷台に、子どもたちに向けた救援物資を積めるだけ積み込んで、人づてに初めて石巻市に入りました。

そのときは、ショッキングな光景にただただ圧倒され、無力感とともに僕らができたことといえば、言葉をなくすことくらいしかありませんでした。

最大の被害があった場所で震災前と同じく生きていくことを決心した地元の人々と、僕をはじめ東京から来ていた作ることが好きな人々。

その偶然的必然ともいうべき出会いの結果、震災から約3カ月後、リセットされてしまった街を震災以前よりよくすることを考え、実行する組織が誕生しました。それが一般社団法人 ISHINOMAKI2.0です。

ライフラインさえままならない、ましてや行政さえあてにできない極限の状態のなか、メンバーが集まり身の回りの道具と材料で「とりあえず作ってみた」のが、「復興バー」という手づくりの小さなバーでした。

結果、震災直後の暗闇で何もなかった夜の街に復興の明かりが灯り、世界中のボランティアと地元の人が連日連夜集う貴重な社交場となりました。究極の状況での最大の近道は、**「とりあえずやってみる」精神**によって導かれて自分の体を動かすことであると、実感しました。

## 石巻発ローカルベンチャーズたちの相次ぐ成功

そういった逆境をともに切り抜けたISHINOMAKI2.0からスピンアウトしていった仲間である「ニュータイプ石巻人」は、世界さ

えも驚かす小さな産業革命を起こし始めます。

　その一つが、石巻出身の古山隆幸くん率いる「イトナブ」という組織。
「震災から10年後の2021年までに石巻からIT技術者を1,000人育てる」という壮大な目標を掲げ、2013年に設立。「IT」×「遊ぶ」×「学ぶ」×「営む」という掛け合わせから生まれた「イトナブ」という名前の通り、小学生や中学生が学校帰りにプログラミングを無償で学べる場を作るほか、地元の工業高校で実践に役立つ授業を持っています。

　また、震災翌年から行っているハッカソンは、日本最大級の規模にまで成長。地方ではなかなか起こり得なかったプログラミングスキルを学ぶ場を作ることで、子どもたちの間に新しい職業選択の価値観を生み出しました。

　既存産業がダメージを受けるなか、ITという新しい産業を生み出してしまったイトナブの存在は、これからの日本のローカルにおける希望の光のような存在です。

　そしてもう一つが、元寿司職人の千葉隆博さんが代表を務める石巻工房という、実験的かつ実践的な家具工房。

　千葉さんは、震災によって、自身の職場である寿司屋をはじめあらゆるものを一気になくしてしまいました。しかし、震災直後はプロ顔負けのDIYスキルを生かし、インパクトドライバー片手に街の便利屋さんのごとく、さまざまな修復作業に没頭します。

　その行動力は、東京の建築家やハーマンミラーという高級家具メーカーの家具職人やデザイナー、経営者との運命的出会いを引き寄せます。

　仮設住宅での不自由な生活を改善するため必要とされる家具を一緒に作るワークショップ活動から始まった石巻工房ですが、いまでは東京にショールームを構え、ミラノサローネをはじめ名だ

たる世界の家具イベントに出展すると同時に、大企業のオフィスにも導入され、NYのハーマンミラー旗艦店においても販売。グッドデザイン賞はじめ、さまざまな賞を獲得するというブランドにまで成長しています。

**石巻スツール**
震災の年に生まれた石巻工房の記念すべきプロダクト第一弾

## レッドもブルーも関係ない「すきまオーシャン」

　この2つの例にみるように、逆境の中でさえも最大限に楽しみつつ目の前の課題を一つひとつDIYで解決することを選択したからこそ、新しい発見やアイデアのタネが生まれたといえます。

　結果、世間でいわれるレッドオーシャンでも、ブルーオーシャンでもない、「すきまオーシャン」とでもいうべき新しいフィールドを開拓してしまいました。

「復興」という特殊な過程だからこそ生まれた新しい視点かもしれませんが、かといってそれは被災地に限らず、日本はもとより全世界においても再現可能なことではないでしょうか。

　そして僕たちは今、ここで取り上げたイトナブの古山くんや石巻工房の千葉さんのような「とりあえずやってみた」人たちを講師に招きながら、その成功の秘訣を探るための講義を開催する、「とりあえずやってみよう大学〜UNIVERSITY OF DON'T THINK,

FEEL」という市民大学を立ち上げました。

「すきまオーシャン」を開拓した人たちの経験と声には、これから起業したい人やローカルを活性化するためのアイデアとヒントが満ちあふれています。

「DON'T THINK, FEEL」という言葉は、かのブルース・リー先生がよく使われていた言葉です。カンフーという唯一無二の武器を持って、映画界で新しい道を切り拓いていったブルース・リーの精神性は、東北で巻き起こったイノベーションに通ずるものがあり、時に考えるより先に行動する精神は、石巻でのローカルベンチャーズたちの成功から見ての通り、これからの未来により必要となる大切な考え方となっていくでしょう。

皆さんも、もし何かチャレンジしたいようなことがあれば、ぜひ「とりあえずやってみる」ことをお勧めします。そうすれば、**あなただけの「すきまオーシャン」**が見つかるかもしれません。

**POINT**

**考えるより先に行動する**
**「とりあえずやってみる」精神は、**
**「すきまオーシャン」という活躍の場につながる。**

新たなファンをどーんと増やす

# 脱ガチ思考

2017.01

近年、一気にファンを拡大した
横浜 DeNA ベイスターズと新日本プロレス。
そこには共通するヒントがあった

工藤英二

電通Bチーム・釣り担当特任リサーチャー。広告から
イベント、出版や新規事業支援までさまざまなプロ
デュース業務を行う。最近、魚にかかわる仕事が増加
中。個人活動ではHP「世界を釣ろう」を運営。

## ファン獲得のカギは「生活者の目線」

私は、"超" がつくほどの釣りマニアだ。ルアーのトラウト釣りがメインで、シーズン中は山梨県の川や湖にほぼ毎週末通う。それに飽き足らずに、アラスカやカナダ、シベリアなどの海外の秘境にまでサケやマスを釣りに行く。大自然の中で野生の美しくパワフルな魚を釣ることは素晴らしく、それがない人生は考えられない。

こんなに楽しい釣りをもっと多くの人に親しんでもらうにはどうしたらよいか。**ファンを増やす**のがここでのテーマだ。

そこで気になったのが、球団史上最多の観客動員を記録した横浜DeNAベイスターズと、売上をV字回復させている新日本プロレスである。

このふたつには共通点があった。ベイスターズは2011年末、新日本プロレスは2012年初に経営の母体が変わり、業界外からやってきた新たなリーダーが舵取りをすることになった。経営手腕の中でも、私が着目したのは、**「生活者の目線」**からプロ野球やプロレスをとらえ直したことだった。

## 「軽いノリで楽しんでもらう」が成功のヒケツ

『空気のつくり方』(幻冬舎) は、横浜DeNAベイスターズの社長を務めた池田純氏の著書である。

ディープな野球ファンであれば、切れ味のあるプレーを見たり、応援するチームの勝ちにこだわりたい。だが、池田氏は調査によって、来場者数の増加を牽引するのは30〜40代の働き盛りの男性層であることに注目した。「でっかい居酒屋に行くような気分で、生の野球をつまみにビールと会話と雰囲気を楽しみに来ている」という顧客心理を見出したのだ。

つまり、ディープなファンではないが、ライトな人々は、「今日

は、居酒屋に行こうか。映画を観ようか。それとも野球を観戦しようか」と、浅く広く楽しみの選択肢をたくさんもっている。

　もし、勝ちだけにこだわるのであれば、野球観戦は負けも覚悟のハイリスクな選択になってしまう。**たとえ負けても楽しめるから行こうという動機づけ**が必要なのだ。そのために多くの施策を打ち出していて、そのひとつがオリジナルのビール、「ベイスターズ・ラガー」と「ベイスターズ・エール」であった。

　次に私が手に取ったのが、『新日本プロレスV字回復の秘密』（新日本プロレスリング株式会社監修、KADOKAWA）である。

　新日本プロレスの急成長の原動力は、新たな資本参加による積極的な広告展開と新世代のスター選手の誕生にあることは間違いない。ただし、私にはその本質はプロレスをどうとらえ直したかにあるように思えた。

　2012年からオーナーとなったカードゲーム会社・ブシロードの木谷高明社長（当時）は、プロレスの事業は音楽業界のアーティストビジネスと一緒であり、「プロレスのリング上のライブとは古臭いのではなく、最先端のキャラクターコンテンツなのだ」と語っている。音楽ライブとプロレスを同じライブと考えるならば、それはマニアじゃなくても楽しめるライブであり、勝っても負けても感動を呼ぶショービジネスなのだというとらえ方なのだ。

　ポイントは、顧客との接点を多く設計したことだ。若い世代はほとんどプロレスを知らないという。そこで、自社の広告だけでなく人気選手をCMやテレビ番組などに積極的に出演させて、**一部のコアなプロレスファンだけでなく、身近なキャラクターとして多くの人に認知してもらう**ように仕掛けた。

　このふたつの事例から見えてくるメッセージは、「ガチな野球やプロレスのマニアじゃなくていい。気軽に、軽いノリで楽しんでいただいてもOK！」という**「脱ガチ思考」**であることだ。

## たくさんの人に気軽に楽しんでもらえることが大事

　私は10年来「さかなクン」とお付き合いさせていただいている。東京海洋大学名誉博士・客員准教授で"お魚"のガチな専門家だが、子どもから大人まで、魚への関心の濃淡問わず、すべての人にわかりやすく楽しくその素晴らしさを伝えている。その幅の広さにはいつも感心する。

　彼もコアな魚マニアだけを相手にしているわけではない。人気の秘密もそこにある。

　これ、ほかのジャンルでもかなり応用が効きそうだ。**入口の敷居を下げたり、気軽な接点や本質＋αの楽しみを用意する。**

　では、釣りはどうだろう。私の周囲では、「先日、アジ釣りに行ったんです。自分で釣った魚って本当においしくって、感激！ただ、お魚をさばくのがちょっと大変で」という若い女子がいる。

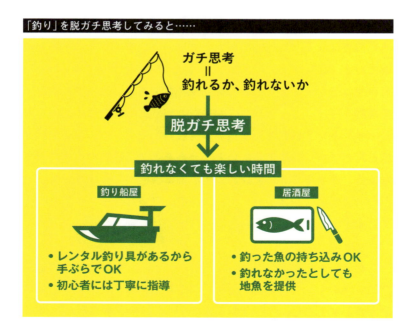

「釣り」を脱ガチ思考してみると……

ガチ思考
＝
釣れるか、釣れないか

脱ガチ思考

釣れなくても楽しい時間

釣り船屋
- レンタル釣り具があるから手ぶらでOK
- 初心者には丁寧に指導

居酒屋
- 釣った魚の持ち込みOK
- 釣れなかったとしても地魚を提供

"おいしくって、感激！" に加えて、"さばくのがちょっと大変で" に、ヒントがありそうだ。

さらに、釣りにおいて勝ち負けを言い換えるならば、「釣れるか、釣れないか」だろう。自然相手なので釣れる保証はない。ならば、「釣れなくても楽しい時間」を提供することかもしれない。

たとえば、「手ぶらでどうぞ、レンタル釣り具あり。初めての方には丁寧に指導します」という釣り船屋さん。そこに居酒屋がコラボをして、「ご自分でさばかなくて、釣った魚の持ち込みOK！各種料理に仕上げてご提供。釣れなかったときのために地魚ご用意してます・笑」と打ち出せば、面白い。楽しみ方にルールはないのだ。

「脱ガチ思考」。これこそ、プロスポーツやレジャーのみならず、ビジネス全般においても視野を広げてくれるのではないだろうか。

**POINT**

**ディープなファンしか楽しめない「ガチ」から離れ、気軽に楽しんでもらえるサービスが大勢のファンを呼ぶ。**

浴び続ければ発症する

# 花粉症型学習モデル

2019.07

## モノゴトの上達は、仕事だって趣味だって
## ある日突然「発症」するもの

キリーロバ・ナージャ

電通Ｂチーム世界の教育担当。ロシア、日本、イギリス、フランス、アメリカ、カナダ各国の現地校で教育を受けた。その経験を基にした絵本『ナージャの５つのがっこう』（大日本図書）を出版。

## ┃「発症」で身につく外国語

「今年、ついに花粉症を発症してしまって……」というセリフを毎年耳にする。特に何かいつもと違うことをしたわけでもないのに、毎年浴びている分が溜まり、ある日突然発症する花粉症。

花粉症だととてもポジティブな気分になれないけれど、もしもある日突然、何かの能力が発症したらどうだろう。少しワクワクした気分になりませんか。

私はこのモデルにより、4度にわたり「外国語」を発症してきた。早速、発症方法を説明しよう。

両親の仕事の都合で6カ国を転々とし、言語もほぼ毎回変わる環境で育ったと言うと、「言葉を覚えるの大変だったでしょう？」と聞かれるが、特に何もしてないというのが私の本音だ。

当時、子どもだったので「外国語」や「文法」という概念をまだ理解していなかった。さらに、人見知りだったこともあり、学校ではとりあえず何もせずとにかく周りをよく観察し、一言もわからないまま会話をひたすら浴び続けた。「今、何て言ったのかなあ」と思いながら。

では、それぞれの学校でどうしていたのか。日本では、周りの同級生の会話をただただ聞く。意味はわからないし、自分は恥ずかしがり屋で喋らない。イタズラをして、怒られて、怒り方に詳しくなる。真似してみる。日本語だと思っていたけど、実は英語で話しかけてくれてたなんてこともあった。でも、それさえも気づかなかったことも。

フランスでは、クラスで流れていた歌を覚えて真似して歌う。歌の意味はまったくわからない。メロディーで発音や単語の区切りを予測する。間違えていたこともしばしば。自分のセリフはまっ

たくわからないなか、クラスの演劇で重要な役を任された。

　アメリカでは、ニコニコしながらただ周りの会話を聞く。絵がたくさんある本を眺める。絵以外はわからない。絵と言葉の組み合わせから意味を予測。正解は確かめない。全然思っていたのと違うこともしばしば。休み時間の校庭がいちばん話していることを予測しやすい。動きがあるから。

　イギリスでも、休み時間になると体を動かしながら、みんなの会話を聞く。あ、「うんてい」って多分この単語かなあなどとここでも予測を繰り返す。

　今まで覚えた別の言語に似た言葉があったら、そこから意味を予測する。でも大体は外れる。時々当たると嬉しい。わかるまでこれをずっと繰り返す。
　とにかく、**「わからない」が当たり前で、「わかる」は奇跡というスタンス**。これが、重要なポイントだ。
　次第に見聞きした言葉がどんな言葉の前後によく来るのか（単語だけ覚えてもつながっていかない）、どんな時にみんながそれを喋るのか（状況や表情など）の経験が蓄積され、意味の大枠を予測できるようになる。

**『ナージャの5つのがっこう』**
（キリーロバ・ナージャ [著] 市原淳 [絵]、大日本図書）
5カ国の小学校での実体験を描いた絵本。

　予測がつながって、パターン化され、**ある日突然「もしかした らこういうことかも！」とわかるようになる。**そうなれば、X-ray のようにルールや仕組みが見通せるようになり一気に理解が広が る。

## ▌ AIも「発症」の学習方法を使っている

　まさに、**発症。**

　ポイントは、100％の理解を目指さないこと。70〜80％の精度 でわかればOK。残りの約20％はミステリーとして常に想像力を 試し、好奇心と予測する力を鍛えてくれる。これが「わからない」 への恐怖を抑えてくれる。わからないことがあるのは「ふつう」 になるから。

　私の場合は語学だったが、同じモデルを使った他の事例も存在 する。

①佐藤雅彦さんは、広告代理店のクリエーティブ局に転局したと き、過去のCM映像をひたすら見たという。そこから、さまざ まな独自の「ルール」を発見し、その後の仕事に生かし数々の ヒットを生み出している（『佐藤雅彦全仕事』〈マドラ出版〉よ り）。

②色川武大さんは、博打について同じことを書いている。最初は ほかにどんなプレイヤーがいて、どういうクセがあるのかなど をただただ見続ける。打てるとわかるまで絶対に博打を張らな い（『うらおもて人生録』〈新潮社〉より）。

③AIのディープラーニングも同じだ。オランダの美術館やマイク ロソフトが、AIにレンブラントの絵画を浴びるように学習させ、 そこから見えてきたルールで300年以上のときを経て新しい「レ

100%の理解を目指す

100%

「わからない」ことへの
恐怖から挫折しやすい

70〜80%の理解でOK

70〜80%

- 理解できない残りの部分が
  好奇心と予測する力を鍛えてくれる
- 「わからない」への恐怖を抑えてくれる

ンブラント」の絵を描かせた（「The Next Rembrandtプロジェ
クト」より）。

## 「発症」につながる5つのコツ

何を学ぶにもコツはとてもシンプル。

①予習をしない
②ただその場にいる
③とにかく浴び続ける
④わからないながら予測する
⑤いつの間にか習得している

　わからない状況に長い時間耐える忍耐力を必要とするが、それ
さえ我慢できれば、必ずいつか発症する。
　わからないことが徐々にわかることに変わる過程を繰り返すの

ではなく、わからない状態がずっと続き、ある日飛躍的に理解できる成長過程だ。

だから、つらくなっても、成果が出なくても決してマニュアルを見てはいけない。見てしまうと、固定観念に縛られ浴び続けても発症しなくなるからだ。

**「花粉症型学習モデル」はほかにも転職や新ビジネスの立ち上げ、未知数な研究分野への挑戦、料理の習得時にもオススメだ。**

せっかくなので、花粉症型学習モデルで何か新しい能力を発症してみよう。そして、忘れないで。いわゆる努力は不要。いつか、必ず発症する。

**POINT**

**何か新しい能力を身につけたければ、**
**「浴び続け」、「発症」するのを待ってみよう。**

chapter.4

## 「既存」を最高に生かす
## ニューコンセプト12

イノベーションは、既存の異なる情報の新結合だと定義されている。しかし新規サービス、新規領域、新技術などの「新規」に比べると、「既存」はあまり人気がない。人々が新しいことに目移りしている間に、既存という宝をもっと掘ろう。既存は、既に存在する人類の資産。生かすも殺すもあなたの目利き力次第。イノベーションは既存の情報の掛け算なんかじゃない。人類の宝とそれを見つけたあなたのセンスとのコラボレーションなのだ。

ベストパートナーは過去

# 4次元オープンイノベーション

2018.04

新しいチャレンジの「いい組み手」はいないか。
コラボ相手を探すために
「時空を超えてみる」という大胆な試み

倉成英俊　電通Bチーム コンセプト担当特任リサーチャー。
1975年佐賀県生まれ。気の合う人々と新しい何
かを生むことをミッションに、公／私／大／小
／官／民関係なく活動中。

## 「歴史」とのオープンイノベーションの可能性

オープンイノベーション。言われて久しいこの言葉、改めて辞書とネットで引いてみました。

「組織内部のイノベーションを促進するために、内部と外部の技術やアイデアなどの資源の流出入を活用すること」。そして、その外部とは「他社、大学、地方自治体、社会起業家、消費者」などを指す。

ふむふむ、よかった。一般的なオープンイノベーションには、僕らがいろんな方にお勧めして、組むといいですよと言っている「外部」が入っていない。こっそりお教えしましょう。その組み先の「外部」とは、「過去」です。

2014年10月27日、JR東京駅構内に、森永製菓による期間限定ショップがオープンしました。

森永のハイクラウンという往年のチョコレートの発売50周年記念ショップ。暖簾がかかる和風のたった2坪の店舗には、現代にリデザインされたハイクラウンや、有田・伊万里焼とのさまざまなコラボ商品が並び、JR東京駅駅舎のドームのデザインの磁器にチョコを詰め合わせたものは35万円と、何かと話題を呼びました。

我々も関わったこのショップ。誕生の背景には、森永製菓の社史があります。

創業者の森永太一郎さんは、佐賀県伊万里市の出身で、若かりしころ、伊万里焼を売りにアメリカへ出ます。しかし、これがまったく売れず、公園のベンチで途方にくれているとき、おばあさんが見たことのないお菓子をくれます。それはキャラメル。これが美味、かつ栄養にもなる。

製法を学んだ彼は日本へ帰り、東京赤坂に2坪の製菓工場を立

ち上げます。これが森永製菓の始まりです。

　２坪のお店。伊万里焼。おわかりですね。僕らが組んだ相手は、社史、そして森永太一郎さん、つまり**「歴史」とのオープンイノベーション**だったのです。創業115年の森永製菓が、原点に帰りつつ新しいことをやる。そのためのショップデザインです。

## ▌現代版・伝説の名門藩校「弘道館」

　教育界では「主体的、対話的、深い学び」、通称アクティブラーニングが声高に叫ばれていますが、これまた輸入ものの概念。歴史を紐解けば、地域ごとにアクティブな教育が、日本中で行われていたんです。

　たとえば、わが故郷・佐賀県には大隈重信ほか佐賀の七賢人を輩出した**伝説の名門藩校「弘道館」**がありました。

　その教育方針を調べると、これが面白い。「改革は教育に始まる」という目的で設立。モットーは「自学自習」。1,000人の生徒が学んでいましたが、先生はたった10人。それは、学んだ先輩がすぐに後輩に教えていたからです。

　特筆すべきは「会読」。四書五経を読んで議論をするディベート付き読書会ですが、ここには鍋島直正公自身も月に１回参加し、無礼講でディスカッションしていました。

　当時は「議論は会津か肥前」と言われ、評判を聞きつけた岩倉具視は息子を佐賀に留学させたそうです。その後、大隈重信や副島種臣といった議論に秀でた人材が中央で大活躍することにつながりました。

　このエピソードで、すっかり弘道館ファンになった僕は、弘道館の21世紀版「弘道館２」を県に自主提案。

　方針は過去からそのまま引き継ぐ。校舎は復元せず、イベント

**弘道館2**
鍋島藩の藩校のコンセプトを引き継ぎ、東大教授からタレント、社長までがPOP-UPで佐賀県中で講義。その模様はすべてHPに動画でアーカイブ

ベースで県内各所でPOP-UPの藩校にする。授業はネットでも配信。講師陣は各界で活躍する佐賀ゆかりの先輩たちに依頼し、21世紀教育を行う、というもの。

維新150周年という時期も味方し、見事採用され、**日本初の藩校復活型アクティブラーニング**として、毎月授業を実施中です。

## 「4次元」はメリットたくさん

3次元＝現代の生きている人々だけじゃなく、時空を超えて4次元で、歴史、先人、偉人たちと組んだほうが絶対面白くなる。

そんな、この世にもういない人たちと組んだ事例、つまり**「過去」とのオープンイノベーション**は、まだまだあります。

たとえば塩麹。ブームの火付け役は、ピンチに陥ったときに、江戸時代の文献からヒントを得たそう。つまり、業界のご先祖様と組んだわけです。また、バルチック艦隊を破った秋山真之は、地元、村上水軍の戦略をヒントに、日露戦争を勝利に導きました。これも地元の先人たちとのオープンイノベーションですね。

それって「温故知新」なんじゃないの？　と思われる方もいそうですが、知新だと「知る」までしかない。やらなくっちゃ、事は起こりません。そして何より、**「4次元」の「オープンイノベーション」**のほうが、パッとするでしょう？

このやり口を実践すると、3つのメリットがあります。

その1、**「世界でオンリーワンになれる」**。歴史はアイデンティティー。そこにしかないストーリーがある。つまり、歴史と組んで、現代と地続きにすれば、世界でもその土地、その企業でしかできません。

その2、**「誇りがもてる、かつ反論が少ない」**。なぜならば、そもそもそこでやっていたことだから、風土にも、自分たちにも刻まれている。だから、プロジェクトが進めやすい。

その3、**「お金がかからない。組む予算はほぼゼロ」**。
「オープンイノベーションは日本では全然進まない」とか、兎角言われがちですが、「過去」となら、やれそうじゃないですか？

みなさんもぜひ、お試しあれ。時空を超えて手をつなぐのは、とても楽しいですよ。そして、我々がやったことを次は未来の人が見つけて、また4次元でオープンイノベーションがなされたら。それは最高な仕事になりますよね。

**POINT**

新しいことを始めるときに組む相手を探しているなら、
郷土の歴史がベストパートナーになる！

アナログコンテンツは現代人の脳にいい！？

# アナろぐ

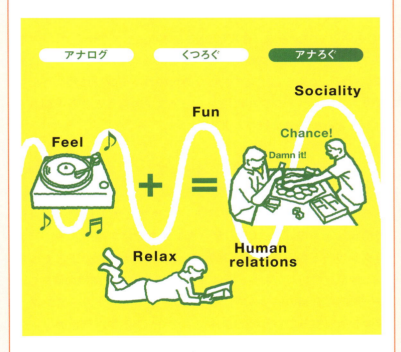

2016.01

アナログ＋くつろぐ＝アナろぐ。
くつろぎとともにデジタル脳に刺激を与える、
温故知新のコンセプト登場！

**木村年秀**
電通Bチーム「MUSIC」担当。電通第2CRP局クリエーティブディ
レクター。2016カンヌライオンズMUSIC部門審査員。2017ADC
グランプリ等。アナログフェチ。レコードコレクター。ボードゲー
ムアディクト。ポストカードラバー。a.k.a. DJ MOODMAN。

## アナログレコードの好調は何を意味するのか？

　デジタルに疲れていませんか。私は少々、疲れています（まぁ、私の場合は元々疲れぎみですが）。さて、そんな疲れたアタマにちょっとした刺激を与えるコンセプトを紹介させていただきます。

　**アナろぐ**。動詞です。「くつろぐ」のように使います。週末はPCを閉じてアナろぐ。今夜はSNSをスルーしてアナろぐ。「アナログコンテンツでくつろぐ」といった意味ですが、アナログに実際に対峙してみると、過ぎ去った時代のコンテンツに触れた郷愁よりもむしろ、デジタルに浸かったアタマの違うところを刺激され興奮ぎみの自分に気づきます。

　今、アナろぐ人たちが静かに着実に増えています。その動向をまずアナログレコードの事例から追ってみましょう。ある資料によれば、米国の2015年上期のアルバム売り上げは１億1,610万枚で前年比４％の減少。CDもデータ配信も数字を落とす中、**アナログレコードのみが前年比38％増**。実は2005年〜2015年ではずっと伸びを維持しており、日本でも2010年頃から同様の傾向に。
　一般的な音楽の愉しみ方はダウンロードからストリーミングへ。音楽を所有するという概念自体が消えつつある中、究極のフィジカルコンテンツである**アナログのみが市場を拡大**しています。

　国内外のトップDJが通う名古屋ピジョンレコーズ（pigeon-records.jp）の松本さん曰く、「名盤やレア盤のアナログ復刻がその状況を後押し」しており、購買層は「アナログのフォーマットにギリギリ触れていたアラフォー以上の世代」がメインだが、「アナログが物珍しい」20代も増えている実感があるとのこと。
　その魅力としては「温かみのある音質」と「大きなジャケット」……つまり、アナログの音質やアートフォーマットとしての完成

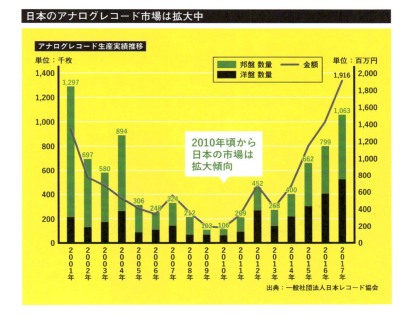

**日本のアナログレコード市場は拡大中**

アナログレコード生産実績推移

単位：千枚 — 邦盤 数量 — 金額 — 単位：百万円 — 洋盤 数量

2010年頃から
日本の市場は
拡大傾向

出典：一般社団法人日本レコード協会

度、それ故に生まれる希少性が再び、人々を虜にしているといえ
そうです。

　一方、「アナろぐ」ための機材にも復活の兆しが見られます。昨
年、パイオニアは約30年ぶりにレコードプレーヤーを発売。11年
に生産中止したテクニクスSLシリーズ以降、入手困難だったDJ
仕様のターンテーブルが蘇りました。

　また、デザイン家電で有名なamadana（アマダナ）も今年、レ
コードプレーヤーの制作を宣言。クラウドファンディングで1,000
万円以上を集め、先日、堂々発売に至っています。

## デジタルネイティブにもアナログゲームがうける

　次に、アナログゲームのケースをご紹介します。『タモリ倶楽
部』でも紹介済みですが、日本の同人ボードゲーム市場が爆発一
歩手前です。

東京では年2回、大阪では年1回開催されるアナログゲームの祭典「ゲームマーケット」が象徴的で、東京の来場者数は2000年（第1回）の400名から、15年春には8,500名へ。市場を牽引しているのは30代ですが、デジタルネイティブである中高生が増えるなど、その属性に変化が起きつつある点は注目です。

**ボードゲーム
カフェ**

ボードゲームカフェ
に代表されるプレイ
スペースは、ここ数
年ずっと増加傾向。
日本全国で400店舗
を超えると言われて
いる

Photo by The Asahi
Shimbun/Getty Images

　ゲームで「アナろぐ」。その可能性としては、**教育やビジネスの現場におけるソーシャル利用**がしばしば話題になります。

　兵庫県西宮市の小学校では今年、スマホゲームに没入しがちな児童に人間関係を学ぶ機会を与えることを目的に、アナログゲームの中古品の教育への活用が始まりました。

　一方、ビジネスの現場では、オリジナルのボードゲームを研修に用いた新生銀行（2007年）が有名ですが、その他にも人材育成のコンサルティング会社がドイツのゲーム『フレスコ』を導入し話題となりました。

　その目的は「自分の仕事を複眼的に捉える意識と目的達成に向けた効率的な仕事の段取りを向上させる」とのことですが、レポートから察するに、どちらかというとアイスブレイク的な効果のほうが大きそう。つまり、教育・ビジネス以前に、ひと対ひとのコミュニケーションが楽しくなること、それこそが、**デジタル世代に求められる「アナろぐ」効果**といえるのではないでしょうか。

## アナろぐとデジタルの先が見える

また、**アーカイブ**という視点から考えると、**デジタル化に漏れた膨大なアナログコンテンツが、まだまだ放置されている**ことに気づきます（詳しくはP259「アーカイブ漏れ」を参照）。

その最たる例が、NASAがデジタル化し、SoundCloudで公開して話題となったアナログコンテンツ「ゴールデンレコード」かもしれません。1977年にボイジャー号に搭載されたこの金メッキ銅盤には、世界55言語の挨拶など地球から宇宙人へのメッセージが録音されています。アナログはそもそも記録媒体としてタフであるため、アーカイブの休眠を許しがち。つまり「アナろぐ」ことは、デジタル以前の膨大なアーカイブを発掘することでもある。時に**人類の歴史的アーカイブに接する機会**にもなり得ます、たぶん（笑）。

最後に、アナログを意識的に思考の変革に利用する前衛ミュージシャン、タイヨンダイ・ブラクストンの言葉を。

現代音楽の分野からも注目される彼は、最新アルバム『HIVE1』の制作に際し、アナログシンセサイザーをメインに取り入れています。デジタル楽器とは異なり、安定性も再現性も悪いアナログ機材を使うことに対して彼は、「この楽器の直観と相容れないところや型破りな性質を、今回はそのまま作品の哲学として応用することにした」と述べています。

アナログ回路の個体差、物理的な違和感をむしろ、自らの表現・発想への刺激として利用する。これも「アナろぐ」ならではの可能性ではないでしょうか。

**アナろぐと、新しい切り口が見つかる。アナろぐと、デジタルの先が見えてくる。少なくとも、アナろぐと、人生ちょっと愉しくなる**……その一点だけは、私が保証します。

# 「カセットテープ」も復権の兆し

　この原稿が掲載された2016年以降も、アナろぐ人々はさらに増殖中。主に数字の面から、その現象をフォローアップします。

　まずは、アナログレコード市場のその後について。音楽ビジネスの主戦場はすっかりストリーミング一色な昨今ですが、その一方でフィジカルリリース、特にレコードの販売が伸び続けています。

　アメリカレコード協会（RIAA）の発表によると、2019年上期、全米でのレコードの売上は860万枚、約239億円（前年比12.8％増）。CDの売上は1,860万枚、約265億円（前年比0.8％増）ですから、このままの伸び率で推移するなら、**トータルでは1986年以来のレコード／CDの売上逆転が生じる可能性がある**とのこと。

　コレクター向きの名盤再発に加えて、現行アーティストがTシャツなどと同列に販促グッズとしてレコードをリリースするケースが増えたことが大きな要因と言われています。

　さらにハード面でも、TECHNICS 1200シリーズを筆頭に、ターンテーブルの生産が復活。マニアックなところでは、オーストリアのメーカーがKickstarterにて、家庭でオリジナルのレコードが作れるカッティングマシーン「PHONOCUT」を発表、目標の倍以上の45万ユーロ以上を獲得し製品化の一歩を踏み出しました。日本でも、簡易なカッティングマシーンの組立キットが付いたムック『大人の科学マガジン トイ・レコードメーカー』（学研プラス）が予

約時点で即完売の人気ぶり。スマホの音源をもとにレコードが作れる、と話題になりました。

また、2017年あたりから世界的に販売本数を伸ばしているのが、**カセットテープ**。2019年もウォークマンの40周年イベントがあったり、Bluetooth対応の新デバイスが登場するなど、話題に事欠かない状況です。

最後に、ボードゲーム市場のその後について。アナログゲームはもはや身近なブームですが、文中で触れたゲームマーケットも規模拡大の方向です。

2016年春には入場者が1万人を突破（約1万1000人）。2017年秋からは、2日間の開催と規模を拡大し、2019春の入場者数は、2万5000人（1日目約1万4000人、2日目約1万1000人）に達しています。

**POINT**

**デジタルをいったん離れて、**
**アナログに触れると新たな切り口が見つかる。**

名前を変えて旬を創る

# ツイスト改名

流行はただ繰り返すのではない
―― 本質を変えずに重心を現代のニーズにずらす ――

Trend ⟳ Twist

ペアルック → シミラールック
（同一性から、仲間と個を
大切にする類似性へ）

2018年
ウエストバッグ
Waist bag

既存のものに、
新しい言葉（名前）を
投じる

1990年
ウエストポーチ
Waist pouch

セカンドバッグ → クラッチバッグ
（バブル臭の払拭）

2018.11

昔に似ているトレンドであっても、
まったく同じものが現代に蘇ったわけではない。
テイストも呼び名も、現代風に「ツイスト」されている

**小池亜季**
電通Bチームメンバーとして、グローバルなファッション
トレンドをウォッチ中。ビューティ・アパレル・ホテル・百
貨店などのクライアントを担当。人・都市・文化との出会い
が日々のモチベーション。

## あのウエストポーチが本当に流行っている？

ときに私たちは「今、それ着ちゃう!?」というファッショントレンドと再会することがあります。

流行のリバイバルといえば、2018年上半期のJC・JK流行語大賞でモノ部門5位にランクインされた「ウエストポーチ」。現役JC・JKたちが生まれる前の1990年代にヒットしたこのアイテムは、当時の流行を覚えている人たちにとっては、名称だけ聞くと「あの、ウエストポーチが？　本当に流行っているの？」と疑問に思うかもしれません。

流行は繰り返すと言いますが、まったく同じものが同じ現象として流行っているのでしょうか。今回は、ウエストポーチに始まり、**既存の概念・製品に新しい名前を与えることで旬に生まれ変わった事例**をご紹介します。

### ①ウエストポーチ（ウエストバッグ）

2017年秋の2018春夏コレクションで数々のランウェイに登場したウエストポーチ。

斜めに掛けたり、肩から掛けたり、おしゃれ上級者はコートの上からウエストマークするようにベルト代わりにスタイリングするのが今っぽい。90年当時から少し進化した着こなしで、再びトレンドピースとして人気復活を果たしました。

もちろんファッションそのものがそうであるように、新しい着こなし方を提案することも旬に見せるレシピのひとつですが、実は、**呼び名も少し変化している**のです。

おなじみの呼び名である「ウエストポーチ」は和製英語で、本来の英単語は「waist bag（ウエストバッグ）」「belt bag（ベルトバッグ）」「hip bag（ヒップバッグ）」。昨今では、この名称で紹介されることが増えました。

**「ウエストバッグ」と呼ばれることで、かつての「ウエストポー**

チ」が持つ、賞味期限切れのイメージは払拭され、新しい名刺を持って登場したようにも見えるのです。

　実はこのようなケースは、ウエストポーチだけではありません。パーティやお出かけにクラッチバッグを愛用する女性は多いですが、そのトレンドを追いかけるように、メンズファッションでもクラッチバッグは広まりました。これは、かつて流行していたときは「セカンドバッグ」だったのでは。バブル期の名称はすっかり過去のものとなり、今では「クラッチ」として男女ともに親しまれています。

## 重要なのはコンセプトの重心をずらすこと

### ②シミラールック（ペアルック）

　日本でペアルックが流行したのは1980年代。恋人同士がお揃いの服や色違いの服を着ていたものの、流行が終わると一気にダサいと言われるように。30年以上経ち、友人・親子・恋人同士と、さまざまな間柄で同じコーディネートを楽しむファッショントレンドが再燃しています。

　そしてここ数年ではインスタでの流行もあり「双子コーデ」「リンクコーデ」という言葉が目に留まるようになりました。これって結局、同じことでは？　と思われた方もいらっしゃるのではないでしょうか。

　ペアルック＝同じ服をお揃いで着ること。リンクコーデ＝グループ感、連帯感を感じさせるスタイリングのこと。リンクコーデは、ペアルックよりもスタイリングテクニックが重要です。

　そして最近、韓国で流行しているのが「シミラールック（similar look）」と言われています。日本でもリンクコーデの次なるトレンドと言われていますが、色や材質など「どこかしら」統一されていますが同じ服を着るということではないので、各自に似合うスタイリングで個性を発揮することができます。

　とはいえ、同じ服を着てつながりを感じたいということや、仲

間意識を目に見える形で表現したいという気持ちは、時代を超えても変わらないようです。ペアルック→リンクコーデ→シミラールックという変遷を見ていると、徐々に連携と個性の両立が反映されてきたように思えます。

©Getty Images

**シミラールック**
色や素材を合わせることで成立し、個性を発揮しながら、つながりを感じさせる

**リンクコーデ**
お揃いの服だけでなく、同じモチーフ（ボーダー、色など）で統一感を出す

　**時代の空気に合わせて、コンセプトの重心をずらしながら新しいネーミングを打ち出すこと。それにより、また旬な印象を与えることができるのです。**

## 現代のニーズを取り込んで生まれる言葉

### ③T字型人材（スペシャリスト＋ジェネラリスト）

　今年の春、新入社員と会話していて、よく聞く言葉が「T字型人材」でした。使い方は「私は、T字型人材を目指したいと思っています！」というように話されます。

　Tという文字の形から、深い専門性とその専門性に限定されない視野の広さをバランスよく持ち合わせていることを指しているのだろうと、すぐに察することができました。

**誰もが知っているアルファベット一文字で表現してしまうことで、若者にとって直感的に共感を生みやすく、言葉にしやすいのです。**この言葉が生まれた背景は、専門性を追求し、属人的な強みや業務を増やすだけではなく、その能力を、さまざまな局面に応用していくことや、チーム内でノウハウを共有していくことを期待していると言えましょう。

　シミラールックはペアルックと同じように見えて、グループ感と個性の両立という現代の流れを汲んでいるし、T字型人材も専門性だけではなく広い視野も必要という現代のニーズに呼応すべく生まれた言葉だと思います。
　**本質的な部分は変わらないものの、その重心を過去から現代のニーズに少しだけずらしながら、新しい名刺を持たせること。それにより旬なトレンドワード、トレンドそのものにつながるので**しょう。
　英語のcoinという単語は、硬貨という意味だけではなく「新しい言葉を作る」という使い方もあります。新しいコンセプトをゼロから生み出すだけでなく、既存コンセプトに新しい言葉を投じることで、経済も動かせるかもしれません。

**POINT**

既存のコンセプトを、最新のニーズにあった
意味を持たせて、再利用すると、
旬なトレンドを生み出す強い力を持つ。

日本のお家芸をかけ算してみる

# Kaizen the Mottainai

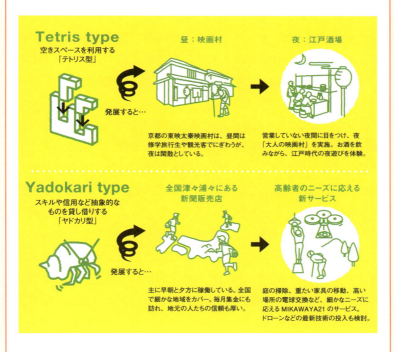

**Tetris type**
空きスペースを利用する
「テトリス型」

発展すると…

昼：映画村

京都の東映太秦映画村は、昼間は
修学旅行生や観光客でにぎわうが、
夜は閑散としている。

夜：江戸酒場

営業していない夜間に目をつけ、夜
「大人の映画村」を実施。お酒を飲
みながら、江戸時代の夜遊びを体験。

**Yadokari type**
スキルや信用など抽象的な
ものを貸し借りする
「ヤドカリ型」

発展すると…

全国津々浦々にある
新聞販売店

主に早朝と夕方に稼働している。全国
で細かな地域をカバー。毎月集金にも
訪れ、地元の人たちの信頼も厚い。

高齢者のニーズに応える
新サービス

庭の掃除、重い家具の移動、高い
場所の電球交換など、細かなニーズに
応える MIKAWAYA21 のサービス。
ドローンなどの最新技術の投入も検討。

2015.10

日本のお家芸「Mottainai」と「Kaizen」。
商品、サービス、事業の Mottainai を見つけ、
Kaizen すれば、新しいビジネスが誕生する！

**大山徹**
電通Bチーム「Play」特任リサーチャー／ゲーム
デザイナー。「あそびから入る」を自身のテーマ
として、広告、教育、ゲームを通じて、世の中がよ
り"楽しく"なるよう活動中。

## 空間やモノの共有が新しいビジネスにつながる

突然ですが、問題です。「結婚式場」は、何をする場所でしょうか？　正解は「結婚式を挙げる場所」です。

では「野球場」はいかがでしょうか？　多くの方は「野球をする場所」と答えるでしょう。もちろん正解です。しかし、「東京ドーム」となるとどうでしょうか。東京ドームは、野球以外のスポーツをはじめ、アーティストのコンサート、蘭の展示会など、さまざまなことに利用されています。野球場を広いスペースととらえれば、野球**以外のことをやってもよい**わけです。

あらためまして、「結婚式場」は、何をする場所でしょうか？
そうです、結婚式場も、結婚式**以外のことをやってもよい**のです。

結婚式場というスペースが、結婚式以外では利用されずに空いてしまっていることに目をつけて、レンタルスペースの予約サイトを始めたのが「スペースマーケット」です。

スペースマーケットは、これまで決まったことにしか使われていなかった空間を、誰でも利用できるようにしました。結婚式場でコンサート。古民家で打ち合わせ。野球場で株主総会。このサービスによって、限られていた空間の使い方がより自由になりました。

普段使われていない空間や乗り物などを共有するZipcar（車のシェア）、Airbnb（宿泊施設のシェア）、Uber（配車サービス）などのサービスが世界的に有名になっています。モノの共有が当たり前になっていくなかで、興味深いアプローチでシェアリングをしている事例があります。

## 京都で実現した「Mottainai」の「Kaizen」

**空きスペースに新しい価値を付加した**のが、京都の東映太秦映

画村です。

　映画村は、観光客向け、家族向けにつくられているため、営業時間は日中のみ。時代劇に使われるような素晴らしい江戸時代の街並み（セット）があるにもかかわらず、夜はほとんど利用されていませんでした。そこに着目して、大人向けのイベントが企画されました。

　その名も、「太秦江戸酒場」。タイムスリップしたような街並みの中で、日本酒を嗜みながら、京都伝統工芸の若旦那たちと会話を交わしたり、江戸時代に流行していた夜遊びを楽しむことができる。さすがは、京都の太秦。和服を着た参加者も多かったと聞いています。

　京都での事例をもうひとつ。海外から観光にきた「天才」が通り過ぎるのはもったいない。世界的な映画監督、ミュージシャン、学者といった観光客と、２時間ランチを一緒にする「Genius Table」というプロジェクトです。

　せっかく京都にお越しいただいたんだから、京都市民と友だちにならないのももったいないでしょ、と言わんばかりに学生を中心に運営し、天才の知恵に学んで価値を創出しようというわけです。**もったいないの２乗が生んだサービス**です。

　一方、ヨーロッパでは、あまり使われなくなってしまったゴルフ場を活用するために新しいスポーツが生まれていました。

　その名は「フットゴルフ」。サッカーとゴルフを足して2で割ったようなスポーツで、サッカーボールを蹴って、グリーンのカップを目指します。

　変わったスポーツを発明しただけのようにも聞こえますが、結果は大ヒット。アメリカのゴルフ場では、フットゴルフもできるようになったため、ゴルフ場の利用頻度は上昇。さらには、フッ

トゴルフを始めた人が、本家のゴルフに興味をもってしまい、そのままゴルフを始めてしまったという話もあるようです。

**フットゴルフ**
足で蹴るだけで良い。そんなシンプルさが裾野を広げているのかもしれない

©Getty Images

## 日本人のお家芸がイノベーションのカギになる

こうした事例には共通していることがあります。それは「Mottainai」ところを見つけだして、よりよく「Kaizen」しているということです。

また、「Mottainai」は、これまでの「Mottainai」とは少しニュアンスが違います。それは指している対象が3R（リデュース、リユース、リサイクル）や環境問題に限らないということです。世の中にある空間、時間など、あらゆるモノの中に「Mottainai」が潜んでいる可能性があります。

全国の新聞販売店の「Mottainai」に着目した事例があります。

販売店は、新聞を各家庭に朝夕配達しているという強い地域ネットワークをもっています。一方、MIKAWAYA21の「まごころサポート」は介護保険がカバーしていない60歳以上のシニアのちょっとした悩み事を解決するお手伝いサービスです。

30分500円のこのサービスを広めるために活用したのが、新聞

という根強い「信頼」。同社は新興企業でありながら、新聞販売店を拠点にして、そのネットワークを使うかけ算によって、新しいビジネスを成功させたのです。

　MIKAWAYA21の次の一手は、ドローンによる弁当などの配達サービス。3年後の実用化に向けて着々と準備を進めています。


　日本人の生活に根づいている「Mottainai」。日本企業が実践している、よりよくすることを決してやめない「Kaizen」。日本人のお家芸をふたつかけ合わせて、新しいコンセプトを「Kaizen the Mottainai」と名づけてみました。

　たとえば、新規事業部にて日々アイデアを求められている皆様。一緒に試してみませんか。意外と身近にイノベーションの種は落ちているものです。

　イノベーションをゼロから生み出すのはとても大変なことですが、身近な「Mottainai」を見つけだして、よりよく「Kaizen」すれば、世界に誇れる日本発の新しいサービスが生まれるでしょう。「Mottainai」こそ、イノベーションの母なのですから。

**POINT**

まだ活用の余地がある空間やモノの、
既存の使い方とは違った利用法を考えてみよう。

絵文字の世界的ブームに秘密はある

# 類人猿コミュニケーション

「それは類人猿にも伝わるか?」

Sizzle creator

Emoji ordering

EMOJI

人間＝類人猿

基本的感情
（怒り、喜び、嫌悪、悲しみ）
は共通

呪文系歌芸
（ラッスンゴレライ! etc）

Condom emoji

2016.03

世界的に絵文字の使用が増えている。
人類に起きているコミュニケーションの
大きな変化にこそ、ヒット企画のヒントがある

田中宏和

電通Bチーム所属・社会学担当。シニア・コミュニティ・ディレクター。本業とは別に同姓同名収集家としての活動を行い、一般社団法人「田中宏和の会」代表理事、また一般社団法人「東北ユースオーケストラ」事務局長を務める。

## 人類のDNAに刻まれた表現方法

「ウオー！」「ウオー！」。これは2015年秋に公開され、100万人以上の動員を記録した映画『バクマン。』で主人公の高校生漫画家ユニットの二人が、憧れの『少年ジャンプ』に自作品の掲載が決まったことを知る瞬間、喜びを交わし合うセリフだ。このゴリラやオランウータンを彷彿とさせる雄叫びに熱くなった人も多かったのでは。

実は、太古の地球は歌声に満ちていたという説をご存じだろうか？　初期人類にとって、音楽と言葉は渾然一体のものであったという。

認知考古学者のスティーヴン・ミズンによると、我々の基本的感情（怒り、喜び、嫌悪、悲しみ）は、親戚の霊長類と共通のものであり、霊長類の発声とも強く関わりがあったというのだ。

2015年11月には2010年に報告された謎多き"第3の人類"デニソワ人が、現生人類やネアンデルタール人と数万年もの間共存していたとの研究が発表された。

はたして他の種同士でどうやってコミュニケーションをとっていたのか。おそらく歌ったり、さらにそれに合わせて踊ったりは、人類の祖先や親戚同士も含めた意思疎通のツールであり、原始的にヒトの心を衝き動かし、共感を生むものだろうと考えられる。

## 絵文字が言葉を超える時代がやって来た

近ごろ、ヒトの感情を言葉や理屈抜きでダイレクトにコミュニケーションする傾向があるのではないか。これを「類人猿コミュニケーション」の台頭として、その動きを追ってみたい。

以前、保育園に通う娘が「ラッスンゴレライ！」と言い出したときは、何ごとかと耳目を疑った。

お笑いにおけるリズムネタ、歌ネタの極北だと感動し、思わず「呪文系歌芸」と名付けたが、昨今のお笑いの消費スピードに逆らえず、実感8.6秒足らずで消えていった。

　かと思うと、小学校に上がった子どもがまた突然「本能寺の変！」と唱えはじめた。キレキレの踊りとともに歌うように語られる芸では、もはやその史実の意味は解体され、ただ単に面白いという領域で、うちの猫ですらその動画に注目していた。

　毎年注目を集めた英語の言葉を発表するイギリスのオックスフォード大学出版局は、2015年の言葉として「うれし泣きの表情」を示す絵文字を選出した。

　発表によると、世界での絵文字の使用頻度はなんと前年比の３倍を超え、うち「うれし泣きの表情」は20％を占めるという。言葉の壁を超えて、人間の表情は感情を伝える。人間の顔は内面を映す鏡だからだ。もはや言葉は感情表現力に劣る道具になりつつある。

**絵文字「うれし泣きの表情」**
数ある絵文字の中でも世界的に「うれし泣き」が
最も使用されている

　世界の広告業界の頂点を競うカンヌライオンズでも、2015年グランプリ（チタニウム部門）を獲得したのは、ツイッターに絵文字を投稿することでピザがオーダーできるドミノピザの「Emoji Ordering」だった。

　また2015年の12月１日の世界エイズデーにあわせて、大手コンドームブランドDurex（デュレックス）が導入した「CondomEmoji（コンドーム絵文字）」の啓発キャンペーンは、ホットドッグや貝、

バナナ、桃のポップな絵文字が婉曲的に安全な性行為を連想させるもの。

性という動物共通の本能に働きかける手段が原始的な絵文字という組み合わせが秀逸である。

世界の18〜25歳までの若者のうち、80%が絵文字をコミュニケーションツールとして日常的に使用しているという調査に基づいたという。直感的な象形文字である Emoji は、ヒトの本能に根ざしたグローバルコミュニケーションツールとして、今後マーケティング利用が一層進むだろう。

## 「それは、類人猿に伝わるか？」

一方で、現在ほどヒトがテキスト情報処理をしている時代はかつてなかったとも言える。

そのテキスト情報の氾濫に対して、ヒトがバランスを取るためにより感情をダイレクトに伝え合う「類人猿コミュニケーション」を好んできているのかもしれない。

さらに、スマホの予測変換で「も」と打てば「申し訳ありません」と表示され、指先一つでセルフィー画像を簡単に加工して送信できる時代は、感情表現の省エネが起きているとも考えられる。

いったいこの表現にどれくらい気持ちがこもっているのか、デジタル上では判別しにくくなっている。いまリアリティのある感情表現のためには、プリミティブなものが効くのだ。

社会人を対象にしたスクールで、「シズル・クリエイター」のクラスが人気という。「シズル」とは肉が焼けるときの英語の擬音語を語源とする、もとは広告業界の専門用語であった。食欲をかきたてるために霧吹きやドライアイスを使った食品写真をシズル・カットと呼んでいたが、いまやシズルは食品に限らずモノの魅力を表現するときに使われる。

その原点はヒトの祖先が獲物を捕って仲間と丸焼きにして食べ

た欲望だ。

　肉汁、湯気、水滴などシズル表現は、ヒトが生理的に反応するジューシーさやフレッシュさのシグナルとなる。とりわけSNSでの共感を生み出すには、そそるビジュアルが大切になる。**ヒトの本能に忠実なビジュアルにテキストを加えた総合的なシズルをつくる能力は、どんな領域においても応用可能**だろう。

　映画『スター・ウォーズ　フォースの覚醒』でも、ハリソン・フォード扮するハン・ソロの相棒、どう見ても類人猿のチューバッカが、難局を超理性とでもいうべき本能で見事に打開していた。

　これからのコミュニケーション界におけるフォースの基準は、**「それは、類人猿に伝わるか？」**である。

---

**NEWest INFO**
## 「非言語コミュニケーション技術」が重要に

　連載時、「とりわけSNSでの共感を生み出すには、そそるビジュアルが大切になる」と書いたが、まるで預言者のごとく翌年の流行語大賞に**「インスタ映え」**が選ばれた。この現象は一時的なものなのだろうか。

　デジタルデータの処理速度と通信速度の飛躍的な上昇が生んだデジタル革命後の社会では、ノンバーバル（非言語）コミュニケーションの技術がより重要になるだろう。
　「新記号論」を唱える哲学者の石田英敬氏は、視覚認知科学者のマーク・チャンギージーと精神分析学の創始者ジークムント・フロイトの研究をつなぎ、**「人間の無意識は映画的に構造化されている」**と説く。
　そもそも人間の脳の半分は視覚に必要な計算に特化していると言われるが、視覚と同様の認知科学の研究が他の知覚にも及べば、**聴覚や臭覚が人間の無意識に与える影響**も

いま以上に明らかになるだろう。そうなると、なおさら非言語によるコミュニケーション・テクノロジーが進むことになる。

　今迎えようとしているのは、AIを操作する一握りの「超人」に、「動物化」したグローバルな大衆が支配されるディストピアな未来なのか。豊かなコミュニケーションによってダイバーシティが保たれるユートピアなのか。その行く末を決めるのは、現在を生きる人間のアクションなのだと信じたい。

**POINT**

**世界的に、ダイレクトな
コミュニケーションが求められ、
言葉を超えた表現がヒットのカギになっている。**

偶然が生む、予想外のレガシー

# セレンディピティーレガシー

2016.09

レガシーは完成した時点で終わりではない。
そのレガシーの影響で、まったく予想もしない
新しい価値が誕生することがある

**倉成英俊**
電通Bチーム コンセプト担当特任リサーチャー。
1975年佐賀県生まれ。気の合う人々と新しい何
かを生むことをミッションに、公／私／大／小
／官／民関係なく活動中。

## 「レガシー」は後付けでつくれる!?

　4年に1回のスポーツの祭典に織り込まなくてはならないもの。はたまた退任前の大統領が残したがったりするもの。「レガシー」。最近よく聞くこの言葉、あなたは好きですか？　僕は正直微妙なところです。

　後世に意味のあることを残そう、というのはもちろん良いのだけれど、考えたのが誰でどんな意図かが問題なわけで。「誰かの意図」で「僕らの意図」ではない。そこが違和感の元だとわかっています。とはいえ全員の意図は汲み取れない。なにか、いい方法がないか……？

　21世紀のブラブラ社員である僕は、国内外いろんなところに足を運びますが、昨年とある場所に行ったときに、いいコンセプトを閃きました。いろんな人が参加して、後付けで、良いレガシーをつくる方法です。

## カナダのアウトドアの聖地はなぜ生まれたか？

　ある日、わがチームのスーパーリサーチャー・牛久保暖が、カナダにアウトドア関連スタートアップが集結する小さな町がある、という情報を持ってきました。

　その町の名は、スコーミッシュ。人口は2万人。面白そうな変化は行って確かめなくてはいけません。

　バンクーバーからクルマで北へ75キロ、ハイウェイで湾の奥地を目指し走ること1時間。巨大な岩山が見えてきたら、そこがアウトドアの聖地スコーミッシュです。

　中心部にはおしゃれカフェがあるものの、同行した後輩曰く「一歩間違えば廃れる町ですよね」。確かに……。

　不安になりつつ、まずは7meshという会社へ飛び込み訪問。マ

ーケティングディレクターのBrianが快く迎えてくれました（実は彼、アウトドアブランドArc'teryxの創業者の1人）。

「私たちは自転車のウェアに特化したブランドで社員は7人。ここでプロトタイプをつくり、裏山で即テスト。またフィードバックし、完成形をつくり、中国に発注、生産、世界中に発送しています」とのこと。

話の途中で本当に、社員が山からマウンテンバイクで帰ってきました。印象に残ったのは「Mother natureのおかげ。Mother natureを活かしているだけだ」という発言。そう、ここはクライミング、バイク、釣り、トレッキングなどなどアウトドアスポーツが何でもできてしまう環境なのです。

**スコーミッシュ**
『NYタイムズ』の"52 Places To Go in 2015"にカナダから唯一選ばれた小さな町

また、アウトドアスタートアップ集結情報は確かで、ここの隣はパタゴニア、その隣もウェアの会社、その隣はギアの会社。それらは「Rec-tech」（Recはレクリエーション）と呼ばれているそう。誰か紹介してと頼むと「じゃあ、市長を」とすぐメールしてくれました。

早速、翌日パトリシア市長と面談。「Rec-techのムーブメントについては、歴史から話さなくては」と、語り始めた彼女の話を要約すると、昔は林業で栄えたが衰退。ところが、この地には自然と人が集まるようになっていった。

まず、1960年代に、ロッククライマーたちが来るようになり、

ウィンドサーファー、マウンテンバイカーが続き、レクリエーションカルチャーが徐々に築かれた。

次に、20年ほど前からRec-techが登場し始めた。その後、バンクーバー・オリンピックでバンクーバーとウィスラー（ボブスレー会場。バンクーバーから行くと、スコーミッシュよりも先にある）間に4車線の高速道路が完成し、会場2都市の地価が高騰。スコーミッシュは地価が安いし、高速で都会まですぐになったし、インターネットも普及したし、「移住して起業」という人が増加。7meshなど目立つ企業も移ってきて「クリティカルマス（閾値）」を超えた。

今は、アウトドア関連を支援するデジタルや映像制作会社、再生可能エネルギーのラボなどもできて、企業の生態系ができた、とのこと。

本題に戻ると、この町にRec-tech集結のムーブメントを起こしたのは高速道路、つまり、**オリンピックのレガシーがトリガーだった**ということです。これは面白い。風が吹けば桶屋が儲かる。

## レガシーは自分たちのものにできる

**誰かが決めた何かが、別用途に使われて、新しいことを生んでいる**。そうした例が他にもあります。

たとえば、サテライトオフィスで有名な徳島県神山町も、県がなぜだか引いていた高速ブロードバンドが、IT起業の移住環境を整えることにつながりました。

また、高知県では、医者を信じないために風邪をひいたら病院に2つ行く習慣があり、「病院が過剰」「医療費の無駄遣い」と批判されていました。しかし、超高齢社会になると、その病床数の余裕が、逆に移住のメリットとなっているとのこと。

最近僕が体験した例だと、東京の水辺ツアー。広い隅田川を出

発し、江戸情緒溢れる小さな水路を堪能していたかと思うと、首都高が出現、メトロポリスを船の上から見上げて日本橋でゴール。

このダイナミックな変化は、ベネチアにもアムステルダムにもありません。この面白い景観を生んだのは前回のオリンピックのレガシー、首都高です（日本橋の上の首都高を外すことにはもちろん賛成ですが）。

**東京水上ツアー**
東京に長らく住んでいたのにようやく体験。舟から見える景観の変化で言えば世界一かも

**誰かが決めてつくったレガシーを、偶然やみんなのアイデアで、したたかに、柔軟に、違う価値を付けていく。**それをたまたま生まれたレガシー **「セレンディピティーレガシー」** と名付けてみました。

次のオリンピックなどで、仮になにか不満が残るものが決まったとしても、後付けで、より面白く意義あるものに、みんなで変えていけたら。それはもう誰かが決めたものでない。みんなに愛される後世に残るものになると思うのです。今から何かみんなで考え始めちゃいますか。

**POINT**

誰かが決めたレガシーでも、偶然やみんなの
アイデアで、まったく違う価値をつければ、
後付けで本物のレガシーをつくれる。

## 45

オンラインからこぼれたモノが価値を生む

# アーカイブ漏れ

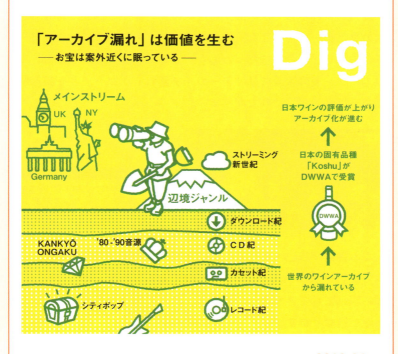

「アーカイブ漏れ」は価値を生む
―― お宝は案外近くに眠っている ――

Dig

メインストリーム
UK　NY
Germany
ストリーミング新世紀
辺境ジャンル
ダウンロード紀
CD紀
KANKYŌ ONGAKU
'80 -'90音源
カセット紀
シティポップ
レコード紀

日本ワインの評価が上がりアーカイブ化が進む
日本の固有品種「Koshu」がDWWAで受賞
DWWA
世界のワインアーカイブから漏れている

2019.06

日本のボードゲームが突然人気に！
「あれ？ これネットで見つからないぞ？」
という気づきが鉱脈となる

木村年秀
電通Bチーム「MUSIC」担当。電通第2CRP局クリエーティブディレクター。2016カンヌライオンズMUSIC部門審査員。2017ADCグランプリ等。アナログフェチ。レコードコレクター。ボードゲームアディクト。ポストカードラバー。a.k.a. DJ MOODMAN。

## 日本の古いレコードを外国人が求めるワケ

　少し前の話になりますが、人気TV番組『YOUは何しに日本へ？』で、1970年代にリリースされた大貫妙子さんのレコード「SUN SHOWER」を買うためだけにわざわざ日本に訪れた米国人が紹介されて話題になりました。

　番組の流れとしては結局、目当ての盤を倉庫で偶然に発見。感動のフィナーレ……となったのですが、そもそも数多あるレコードの中でなぜこの1枚だったのか。しかもなぜ今だったのか。このエピソードの背景には「アーカイブ漏れ」という、今を読み解くキーワードが浮かび上がります。

『YOUは何しに日本へ？』(2017年8月7日放送)
大貫妙子のレコード「SUNSHOWER」を求めて来日した米国人スティーブさんに密着。この番組がきっかけで再々プレスが決まるなど大きな反響があった

　この番組が放送されたのは2017年夏。この時期はちょうど、日本の1970〜80年代のポップス、中でも特に「シティポップ」と呼ばれ親しまれてきた音楽の評価が、日本の国外で急激に上がった時期と重なります。

　「シティポップ」という音楽群はご存じの通り、日本国内のみで機能してきた〈辺境ジャンル〉であり、その概念自体が欧米にはありません。

　つまり、先の番組はこれまで欧米のアーカイブから「漏れ」ていた「シティポップ」というコンテンツが一気にアーカイブ入りした時期の典型的なエピソードだったわけです。

　「アーカイブ漏れ」は価値を生み出します。その過程は色々ありますが、先のケースでは、①「アーカイブ漏れ」に気づく→②ア

ーカイブ化が進む→③「アーカイブ漏れ」に高値がつく→④アーカイブ化が完成する……というステップを辿っています。

より具体的に辿るならば、

①YouTubeなどの動画サイトをきっかけに、個人発のアーカイブ化が始まる。

②集合知により、Discogsなどの世界規模の音楽データベースサイトに情報が集まる。音源を求める人が増えるが、この段階ではまだまだコンテンツの需給バランスが悪い。

③オークションサイトeBayやCD&LPなどのオンライン・マーケットにおいて高騰。しかも作品に対する評価はうなぎ上り……。先の米国人が訪れたのは、この③の段階というわけです。

その後は、④レコードも再発され、価値は安定。著作権さえクリアになれば、Spotifyなどのストリーミングサイトで常時リスニングできるようになるでしょう。リストに載っているだけでなく、簡易に体験できる。その状態が、本格的なアーカイブ入りなのかなと思います。

## 「アーカイブ漏れ」が発見され、再評価が起きる

ここで注目したいのが「評価」の軸です。

ネット上での音楽のアーカイブ化は、これまでその音楽が享受されてきた国、土地の視点とは離れ、まったく新たな視点からの再評価を生みます。つまりこれまで「アーカイブ漏れ」していた音楽がアーカイブ化された瞬間、その曲を聴いたことがなかった大多数の人の耳に触れ、違った視点からの評価が加わる。

アーカイブ化は、コンテンツの作り手にとっては、新たなステージの始まり＝チャンスなのです。

実際、ここ数年の過去音源の再評価は「アーカイブ漏れ」から起きています。

日本産の音楽では、先の「シティポップ」に続く形で再評価を得ているのが「環境音楽」。シアトルのレーベルからリリースされ

た「KANKYŌ-ONGAKU」というコンピレーション・アルバムが話題になっていますが、細野晴臣さん、久石譲さん、INOYAMA LANDなど、日本の80〜90年代の音源に対し、主に欧米の視点から新しい評価が加えられました。

　その評価はさらに次世代の作り手を刺激し、新しい価値観を生んでいます。ちなみに最近、日本のレコード店で見かける海外から来たバイヤーの方々は大体、この辺りをディグしています。


　**アーカイブから「漏れ」たコンテンツが価値を生む**。その動きは音楽だけにとどまりません。

　たとえば「日本ワイン」。日本国内で栽培されたぶどうを100％使用して日本国内で醸造されたワインが、ここ最近、「日本ワイン」と呼ばれ親しまれていますが、その起源から100年以上の間、世界のワインアーカイブからは「漏れ」た存在でした。

　それが2010年代に入り、日本の固有品種「KOSHU」が欧州で

ワイン醸造用の品種として登録されたり、「デキャンター・ワールド・ワイン・アワード（DWWA）」を受賞したり……をきっかけにアーカイブ入り。今や、日本ワインには世界的なブームの兆しが訪れています。

2018年9月には、第1回日本ワイナリーアワードが行われ、日本のワイナリーの格付けが発表されるなど、国内でも意識的なアーカイブ化が進んでいます。

### ネット化が進むからこそアーカイブ漏れの価値は大きい

好きなジャンルから事例をもう1つ。ボードゲームの領域でも同様に「漏れ」が価値を生んでいます。世界最大のアーカイブサイトBGGでは、ここ数年、「Love Letter」「Machi Koro」などの作品を筆頭に、これまでアーカイブから「漏れ」ていた日本産のボードゲームが評価の対象として認識され始めています。日本最大のイベント「ゲームマーケット」にも「アーカイブ漏れ」目当てのバイヤーが各国から集まるようになってきました。

ネット社会になって久しく、目の前には常に膨大なアーカイブが溢れている昨今ですが、すべての事象がオンライン上でアーカイブ化されているわけではありません。**私たちは忘れがちです、大体が、まだ「漏れ」ていることを。**

だからこそ、目の前にすでにアーカイブ化されているコンテンツのみではなく、**アーカイブから「漏れ」ている事象にワクワクし目を向けてみる。**

もしかすると、新しい価値を掴む一歩になるかもしれません。

**POINT**

**ネット社会でオンライン上のアーカイブ化が進んでいるが、そこから漏れているものに、新たな価値の可能性がある。**

デザインは引き算じゃない

# はだかを見せるデザイン

商品・サービスの本質や
企業のDNAを世の中にアピールする極意は
「はだかを見せる」ことだった!?

2019.12

古谷萌

電通Bチームデザイン・イラストレーション担当。
2017年「Study and Design」設立。CIデザイン、商品
開発などを中心に、自らイラストレーション、キャラ
クター開発も手がける。

## デザインは「はだか」から始まる

いいなと思った洋服に袖を通してみるとまったく似合わなかった経験、誰しも一度はあるのではないでしょうか。

自分に似合う服を選ぶセンスを養うことと、自分を理想の体形に磨き上げることで、初めてすてきなスタイルをつくることができますよね。容易なことではありませんが、これは良いデザインをつくる上でも、まったく同じことが当てはまると考えています。

私はアートディレクターという肩書でこれまでさまざまなデザインの仕事に取り組んできましたが、デザインの注文をいただいても、ファストフード店のようにいつでもすぐに出せるわけではありません。

デザインをつくる作業は、オーダーメイドの洋服を仕立てることだと想像してみてください。まずはきちんと採寸して、希望の生地や仕上がりイメージを聞いて、初めてデザインを考えることができます。

しかしながら、商品やサービス、要は体そのものにきちんと魅力がなければ、どんなにすてきな洋服を頼んだとしても着こなせないでしょう。逆に、斬新でかっこいい洋服をデザイナーが仕上げても、依頼主に似合うものでなければ、それはかみ合いません。

そこで必要になるのが「はだかを見ること」です。

依頼主がはだかになったとき、何が残るのか。それを見つけるために着ている服を1枚ずつ脱がしていきます。「はだか＝恥ずかしい」と感じるかもしれませんが、自分の本来の価値を再認識するには最も効果的な方法です。

着ぶくれしていたけれど、実はいい体していますね。このはだかはまだ世に出せないので、トレーニングをしてみましょう。そんな声が聞こえてきて、初めてデザインをつくる第一歩が踏み出せます。

## 「はだか」を見てもらえれば商品の魅力が伝わる

広告での事例を見てみます。「iPhone 6で撮影」という文字通りiPhone 6で撮影した写真だけが大きく引き伸ばされたポスター広告は、とても新鮮でした。新型iPhoneのパワーアップした写真機能をそのまま示したその潔いはだかっぷりは、Appleの自由でクリエーティブなイメージを再認識させました。

iPhoneの写真機能がデジタルカメラを越える瞬間、つまり体が仕上がった瞬間に、見せつけるようにはだかで飛び出してきたのです。

私がデザインを担当している福島の酒蔵「仁井田本家」も、はだかを見せる事例といえます。

もともと仁井田本家の商品デザインはザ・日本酒らしい世界観でしたが、彼らは無農薬による酒米づくりから始めて、酒づくりも一切の添加物を使用せずに、一年かけて極めてピュアな日本酒をつくります。

でも、そんな素晴らしい体が出来上がっていたのに、おおげさ

**日本酒**
**「にいだしぜんしゅ」**
漢字で筆文字がお決まりの日本酒業界に、短冊ラベルはインパクトを与えた

266

な服で着ぶくれを起こしていたのです。

　主力商品「にいだしぜんしゅ」は50年以上前に、日本で初めてオーガニックの考え方でつくられた日本酒です。私がかかわり始めてから３年をかけて、パッケージを検討・刷新。「自然酒」からひらがなに、筆文字から細い鉛筆書きに。今までの日本酒の重いイメージを脱ぎ捨てたデザインで、ラベルも３分の１以下の面積の短冊状にして、環境にも配慮しました。

　にいだしぜんしゅは、**無駄のない体つきにふさわしい身軽な姿にリニューアル**されて、購買層を一気に広げました。

## はだか＝替えのきかないブランドの魅力

　いわずもがな、広告宣伝だけでものが売れる時代は終わりました。

　生活者の目は常に商品・サービスそのものに向いていて、その目は今後いっそう厳しくなり、高品質なことはもちろん、オーガニックかどうか、環境への配慮、生まれた理由、思想はあるか、などさまざまな視点で「買うべき商品」かどうか品定めをしてくるでしょう。

　しかし、「今はまだ人前ではだかになれないかも」と落ち込む必要はありません。デザインを依頼するということは、自分のビジネスをバージョンアップさせる絶好のチャンスでもあります。

　**優れたデザイナーは、自分の体をチェックする鏡のような存在。**これからのビジネスにおいて、一緒に走り込んでくれるデザイナーを見つけるということは、経営者の重要な使命のひとつだと思います。

　そして**「はだかを見る」**ことは、デザインをつくる前段階の作業。まずはデザイナーがいなくても実践することができます。

　たとえば、自社製品・サービスの一要素だけを未開拓の外国にもっていけるとしたら、何をもって行くべきか考えてみてくださ

い。そこからまた事業化できる原資こそ、**あなたのはだか＝替え**
**のきかないブランドの魅力**なのです。

「Less is more.（より少ないことは、より豊かなこと）」という
美学は、ドイツの建築家ミース・ファン・デル・ローエが提唱し、
さまざまな分野のデザイナーに影響を与えました。
　「Less is more.」は引き算の美学ですが、何を残すべきかについ
ては説いていません。引き算を念頭にデザインを行うと、何も残
らない可能性があります。
　大切なのは、**残すべき一要素を見つける**こと。その答えのひと
つになるのが**「はだかを見せるデザイン」**だと考えます。
　デザイナーは依頼主のはだかを見極め、ときに体づくりからコ
ーチングして、肉体的にも精神的にも鍛えられた人に、そっと似
合うシャツを着せるようにデザインすべきなのです。
　人物像を隠すような大げさで派手派手しい衣装は、中身＝はだ
かが求められる現代では本質的にはいらないのです。
　何かデザインをつくりたいと思ったら、まずは自分のはだかを
見つめてみませんか。

**POINT**

**商品やサービスの「はだかを見せる」ことで、**
**替えのきかない本質的な魅力を伝えられる。**

日本食材の「ひと手間」は世界的アートだ！

# プロセス価値組

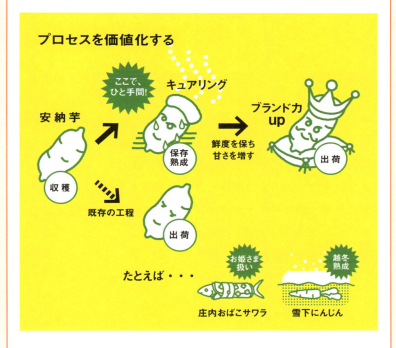

プロセスを価値化する

ここで、ひと手間!

キュアリング

安納芋

収穫

保存熟成

既存の工程

出荷

鮮度を保ち甘さを増す

ブランド力 up

出荷

たとえば・・・

お姫さま扱い

庄内おばこサワラ

越冬熟成

雪下にんじん

2017.02

日本の食材のおいしさのヒケツは、
収穫後の「ひと手間」。この「ひと手間」を
価値化することがブランドづくりにつながる

久納寛子
電通Bチーム「農業」担当特任リサーチャー。農林
水産省入省後、(株)電通に出向。帰任後はBチーム
的アプローチから、もち麦弁当など、国の研究成果
を使った事業プロデュースを展開している。

## 日本のサツマイモはなぜおいしい？

　日本の食材のおいしさの秘訣は、洗練された品種改良技術や生産技術はもちろんのこと、収穫後の「ひと手間」によってさらなるおいしさが引き出されていることが多い。

　それらはもはやコモディティではなく、アート作品そのもの。そうした**「ひと手間」を価値化することがブランドづくりにつながる。**

　海外で暮らしていると、むしょうに食べたくなる日本のソウルフードといえば、納豆ご飯、卵かけご飯、なめこ汁など色々あるが、私の場合は、焼き芋である。鳴門金時などのねっとり甘い焼き芋も好きだが、毎日食べ続けると飽きてしまい、幼い頃から食べ慣れた紅あずまのホクホクした焼き芋に戻ってくる。

　大学時代にロンドンに留学したとき、焼き芋が恋しくなり、中国系スーパーマーケットで見つけたサツマイモをオーブンでじっくり焼き、「金時系かホクホク系か？」とかぶりついてみたが、焼き芋の味が全然しなかった。曇天と小雨が続くロンドンの長い冬に、日本の焼き芋が恋しかった。

　日本のサツマイモのおいしさは、先人たちのたゆまぬ品種改良の努力によるところが大きく、ロンドンで食べたまずいサツマイモとはそもそも品種が異なっていたのだが、日本のサツマイモのおいしさには、それ以外の秘密がある。

　たとえば、種子島産の安納芋。蜜芋とも呼ばれるほどの甘さとねっとり感がすっかり全国的に定着したブランド芋だが、実は、掘った直後はそれほど甘くはない。

　サツマイモは熟成されるほどデンプンが糖化され甘味が増すのだが、収穫後、そのまま貯蔵しておくと傷みやすいため、まずは、新鮮なサツマイモに３〜４日間、30度以上の温度と90％から100

％の湿度を加えた後、一気に14℃程度まで温度を下げ、一定の湿度を保つことで、サツマイモの表面にコルク層を形成させる「キュアリング」という「ひと手間」を加えている。

コルク層が蓋のような役割を果たすことで、サツマイモは適度な水分量を維持しながらも、長期間熟成され、出荷されている。キュアリングは、安納芋に限らず、日本の他の産地においても行われており、キュアリングの方法（温度・湿度・時間など）は、それぞれの生産者や生産地によって精緻にカスタマイズされている。

## 日本の食材のおいしさの秘密は「ひと手間」にあり

日本では、品種改良や栽培技術と同じくらい、収穫後の「ひと手間」が、農産物のおいしさを安定させたり、さらなるおいしさを引き出している事例はほかにもたくさんある。

たとえば、新潟県産の雪下にんじん。雪下にんじんは、夏に種をまき、通常であれば秋には収穫してしまうにんじんを収穫せず、土の中で越冬させる。

雪が数メートルも降り積もる土の中で、にんじん特有の青臭さが抜け、甘味やうま味を感じる成分であるアスパラギン酸やグリシンなどのアミノ酸含有量が増加する。また雪の下は温度が0℃に保たれ、水分があって乾かないため、みずみずしさが保たれるのだ。

その年の降雪量により出荷時期や生産量が大きく左右されるため、希少なブランドにんじんとして人気がある。

こうした「ひと手間」は、農産物のみならず、水産物にも行われている。たとえば、山形県の庄内おばこサワラ。一人乗り漁船にて「はえなわ」という漁法で、可能な限り魚にストレスを与えないように丁寧に釣り上げられる（釣り上げる際に魚が暴れたりストレスを感じていると魚肉に含まれるうま味成分が分解されてしまい味が落ちる）。

釣り上げた後は、船上で独自の活〆(いけじめ)と神経抜きの処理を徹底して行っているため、一般的なサワラよりも長期間高い鮮度を維持でき、刺身としても食べられる品質だという。

一般的に、魚は死後硬直後、徐々に魚肉の中でイノシン酸といううま味成分がつくられる——いわゆる熟成の段階に入っていくのだが、庄内おばこサワラの場合は、高鮮度を保ちながら、じっくりと熟成が進むため、釣り上げた直後よりもさらにうま味が増して、おいしくなる。

漁師たちはお姫様を扱うように大事にサワラを扱うため、庄内弁で若い女性の意味をもつ「おばこ」の名をとり、「庄内おばこサワラ」と名付けられたのだという。

それほどまでに、ひと手間どころか、多くの手間をかけることで、サワラのおいしさが保たれ、引き出されており、現在では東京・豊洲市場でも高く評価され、安定的に高値で取引されている。

## 日本では当たり前のプロセスが海外で響く

「よりおいしい」ものを目指して、手間暇を惜しまない生産者のクラフトマンシップ。生産物にかける惜しみない愛情。そうした「ひと手間」によっておいしさが引き出された日本の食材は、コモディティの域をはるかに超え、アート作品そのものだと感じる。

人口減少期を迎えた日本は、今後ますます海外市場を積極的に開拓していく必要がある。

東南アジアの高級スーパーでバイヤーをしている知り合いから、「日本から『〇〇県産の△△』など、産地や珍しい品種名を冠した高級フルーツの商談が持ち込まれるが、正直言って現地の人は知らないし覚えられない。味の違いや系統などがもうちょっと具体的にわかってもらえるものだといいんだけどなぁ……」という話を聞いた。

海外市場を意識したブランドづくりには、諸外国の消費者の心

**雪下にんじん**
雪の下でにんじん特有の青臭さ
が抜け、甘味とうま味がアップ

をぐっとつかむ「何か」で勝負しなければならない。

　日本の各産地では当たり前に行われている「ひと手間」であっても、日本の外に出れば、面白いストーリーが浮かび上がってくるエピソードの宝庫である。

　今、世界は和食ブーム。素材そのものがもつ味わいを引き出している**「ひと手間」というプロセスに着目し、それらを価値化する「プロセスの価値化」**こそ、日本が生き残る道なのかもしれない。

**POINT**

> **日本では当たり前の「ひと手間」のプロセスが、海外の市場では、大きな価値に結び付く。**

ダジャレで新しいアイデアを発想する

# ダジャレノベーション

2016.06

受験シーズンのお菓子の「願掛けマーケット」など、
ダジャレとは言葉の新結合で、
ここから新しい市場が生まれる

**鳥巣智行**
長崎出身の被爆三世で、平和担当。コピーライター
として新商品開発から広告コミュニケーションまで
手がける。五島列島の図書館「さんごさん」共同設立
者。最近トゥギョウザーはじめました。

## ダジャレはイノベーションである！

**ダジャレ発想法**というと読者のみなさんには、本質的ではないといわれてしまいそうです。しかしながらジェームス・W・ヤングは著書『アイデアのつくり方』（CCCメディアハウス）の中で、「アイデアは既存の要素の新しい組み合わせでしかない」と語っています。

その観点でいえば、**異なる意味の言葉を組み合わせて生まれたダジャレは、まさにアイデアそのもの。** しかも生まれた時点でキャッチーさを備えたアイデアになっているといえるでしょう。

またイノベーションの父といわれるシュンペーターは『経済発展の理論』（岩波書店）の中で、「イノベーションとは新結合である」と定義しています。その観点でいえばダジャレは言葉の新結合ですから、イノベーションの一種ととらえることもできそうです。

事実、**ダジャレを使った成功事例は世の中にたくさんあります。**
たとえば受験シーズンに盛り上がる願掛けお菓子の数々。カールが「ウカール」を出したのが始まりだといわれていますが、それに続いたキットカットの「きっと勝つ」受験応援施策でさらなる広がりをみせました。

いまやCanael Corn（Caramel Corn）やToppa（Toppo）など、各社が願掛けお菓子市場に参入しています。ダジャレが一市場を築いているといっても過言ではないでしょう。

## 地方創生にもダジャレが一役買っている

お菓子だけではありません。最近何かと話題の地方創生。お金が潤沢にあるわけではないぶん知恵が必要とされる地域の課題に、ダジャレが効くという事例もあります。

たとえば青森県鶴田町の、頭の薄い人たちが集まって結成した

「ツル多はげます会」。この会が主催する「ハゲ頭で世の中を明る
く照らそう」という趣旨の「中秋の有多毛（うたげ＝宴）」は日本
全国のみならず海外のメディアでも取り上げられ、名物イベント
になっています。

「毛がないからけがしない」ということで交通安全運動に展開し
たり、他地域と連携して「全国ひかりサミット」を共催したり。全
体的にダジャレばかりのこのチャーミングな取り組みは、鶴田町
のPRとして効果的なだけではなく、地域の結束を深めるイベン
トにもなっているようです。

　一方、鳥取県。2014年当時、日本で唯一スタバがなかった鳥取
県の知事が「スタバはないけど、日本一のスナバはある」と発言
し、「すなば珈琲」の誕生につながりました。

　スタバが鳥取にオープンする際に「米系コーヒー店のレシート
を見せたら半額」といったキャンペーンが話題になっていたのを
記憶しているかたも多いのではないでしょうか。

　知事のダジャレ発言がきっかけとなったこの騒動で、スターバ
ックスシャミネ鳥取店はオープン初日、売り上げ全国1位を記録。
すなば珈琲も来店客が5倍という結果に。現在すなば珈琲は11店

**ツル多
はげます会**

「毛がない＝怪我
ない」交通安全の
キャンペーンに取
り組む様子

舗（2019年）に拡大しています。

ダジャレは元手がかからないため、地域活性施策としても、う まく使えば効果的だといえそうです。

## ダジャレはアイデアを飛躍させる

そういったダジャレのポテンシャルに着目。イノベーションを 生み出すためにダジャレを用いる手法を「ダジャレノベーション」 と名付けて、企業の新商品開発やワークショップなどで実践して います。

たとえば、YCAM（山口情報芸術センター）研究員の津田和俊 さん、アートディレクターの江波戸李生さんとともに、「ダジャレ シピ」と題して新しい料理を考えるワークショップを開催しまし た。

大学生から50代まで、さまざまな世代の男女20名が参加。パズ ルになったポテト「ポテトリス」や、いろんな素材を一緒に揚げ た「十羽一唐揚げ」など、70を超える新しい料理が誕生しました。

白熱する会場を眺めながら、ダジャレはアイデアに飛躍とキャ ッチーさをあたえてくれるものなんだと再認識。今回は料理がテ ーマでしたが、新商品開発はもちろんのこと、新しいテクノロジ ーの活用法を考えるとき、世の中にひとこと物申すとき、言いに くいことを伝えるときなど、ダジャレノベーションが活躍するシ ーンはまだまだありそうです。

そして何より印象的だったのは、参加者の楽しそうな姿。日本 中の打ち合わせがあんな雰囲気になったとしたら……。会社も、世 の中も、人生も、もっと楽しくなるだろうなと、そんな可能性を 感じました。

ちなみにワークショップに合わせて江波戸さんがつくってくれ たダジャレノベーションのロゴマークは、駄という字が「駄馬」 に由来することから着想したもので、太い馬の形をしています。

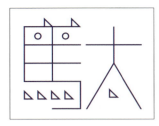

**ダジャレノベーションのロゴマーク**
「駄」という漢字のもとになった「駄馬」を
モチーフにしたロゴ

　この駄馬というのは、荷物を運ぶための太い馬だったんだとか。荷物を運んでくれる有益な馬ということですね。そう考えると駄洒落も駄目な洒落ではなく、有益な洒落だといえるはず。

　洒落たことは無理でも、駄洒落なら気兼ねなくいえる。**楽しみながらアイデアを出し合うことで、新しい市場までできてしまう。そんな有益さを、ダジャレは備えているはずです。**

　一説によると、年をとると記憶力は弱まるけれど、ものごとを関連づけて考える脳の力は増すといいます。だからおじさんになるとみんなダジャレを言いたがる（思いついてしまう）らしい。

　ならばダジャレの価値が高まれば、若者だけではなく年齢高めの世代が活躍できる社会になるはず。そうすればこれからの日本はもっと面白くなるんじゃないか。

　sharing economyもいいけれど、**shareing economy（シャレによる経済活性）**っていうのも、あるんじゃないかと。冗談みたいな話ではありますが、割と本気でそう思っています。

## バイオテクノロジーの専門用語を楽しく学ぶ

　先日ネットで見かけて思わず手を止めてしまったのは、**「アオリイカであおり運転撲滅訴え」**というニュース。大阪府警がオリジナルのイカのキャラクターであおり運転の撲滅を訴えているというのだ。

さすが大阪。ダジャレによって、より広く、より早く伝わり、人の行動を変えるきっかけにもなる。そんな「はたらくダジャレ」をこれからもウォッチしていきたい。

アカデミーヒルズでは、ふたたびYCAM研究員の津田和俊さんと「バイオが倍おもしろくなる!?　ダジャレでバイオが身近になるワークショップ」と銘打ったイベントを開催。**難しくて敬遠されがちなバイオテクノロジーの用語を、ダジャレで楽しく学ぶ**というものだ。

グループで出したアイデアを「シャーレ」に入れていくというこだわりぶり。出てきたアイデアは「塩基があればなんでもできる！」「ピペットマペット」など奇想天外なアイデアなものばかり。ふだん馴染みのない「塩基」や「ピペッティング」といった用語に親しみ理解を深めてもらうという目的は達成された。

ダジャレのパワーは、商品開発から企業研修まで応用できる。「ダジャレでヒットを飛ばしたい」「世の中を変えたい」「Shareing economyに参画してみたい」と思っている方は、気軽にご連絡いただけるとうれしいです。

---

**POINT**

**アイデア出しに、ダジャレを使うと、
飛躍した発想につながり、新市場までも生み出せる。**

なんでも数値化する

# 単位マーケティング

UNIT MARKETING

新しい単位で動かす、人の心

苦味の単位 **IBU**
普通より**50**倍苦いビールって、どんな味?

あらゆる活動量を測れる単位 **Fuel**(フューエル)
家事だって、ワークアウトだ!

ささいな悲しみの単位 **snt**(シニタ)
誤字からLIVEだよ、、 アッ
スマホの保護フィルムにゴミが入った時の"死にたさ"が、1snt(シニタ)の目安

—————— 2018.05

人の心を動かす意外に使える武器、それは、「単位」。
その不思議な力を紐解く

**笠将英**
電通第二統合ソリューション局。普段は企業のマーケティング課題を解決する、ストラテジックプランナーをしていますが、個人としては、ビールメディア「東京ビールクラブ」を運営しています。

## 不思議と単位に惹かれてしまう

人の心を動かすには、必要なモノはなんでしょうか。イケてるキャッチコピー？　それとも、スタイリッシュな映像？　意外に使える武器として、今回提案したいのは**「単位」**です。誰も知らないようなマニアックな単位、なんだか語呂のいいオリジナル単位……、**単位だけが持つ、人を動かす「不思議な力」**を紐解きます。

私たちの周りには「単位」があふれています。よく使うのは、「円」「分」などですが、この2つの「単位」だけでも、私たちの生活に深く影響を与えていることがわかります。

単位の機能はわかりやすく言えば、「定量化される＝比較できるようになる」こと。**単位の「比較できるようにする」という機能をマーケティングに活かすことができないか、**というのが趣旨です。

一例をあげます。私はビール、とりわけクラフトビールが好きなのですが、IBUという単位を知っていますでしょうか？　IBUとは「International Bitterness Units」の略で、苦味を表す単位です。通常よく飲まれるビールはIBUが20程度で、苦いビールでも40〜60程度です。

そこにミッケラーという世界的に有名なクラフトビールメーカーが、「1000 IBU」という製品を出しました。

そもそも人間の味覚はIBUが80〜100ぐらいまでしか感じることができません。100以上のIBUは人間には感じることができないのに、通常のビールの50倍苦いビールと言われると飲んでみたくなるのは私だけでしょうか。

ちなみに私は飲んだことがありますが、びっくりするほど苦い。でも飲みたくなるし、飲んだことを人に話してみたくなります。

ほかにも、同じ食のカテゴリーでいえば、蒙古タンメン中本や
CoCo壱番屋（ココイチ）の辛さの単位も同じような「試してみ
たくなる」効果があるといえます。

　世界的なスポーツメーカーも、新しい単位を作りました。
「FuelBand（フューエルバンド）」はナイキが2012年に開発した
活動量計で、ランニングなどの運動だけでなく日常の家事もまと
めて運動量を測れるブレスレットタイプの商品です。
　そこに提案されたのが、名前にもある「Fuel」というナイキ考
案の活動量の新単位。
　ナイキ曰く「NikeFuelは、朝のワークアウトから夜の本格的な
ワークアウトまでのあらゆる活動を計測する、世界初・世界共通
の活動量の計測単位」とのこと。
「カロリーでいいんじゃないか」と思う人も多いかもしれません
が、ナイキが語るとその単位が新しいもの、良さそうなものに聞
こえてきます。
　ちなみに、現在はFuelBandの開発は終了していますが、発売
された当時はセンセーショナルにとりあげられ話題になりました。

## 変な単位も魅力バツグン

　まったく違う視点として、**感情にも単位をつけることができた
ら世の中の捉え方がガラッと変わる**かもしれません。久保ミツロ
ウ、能町みね子、ヒャダインが出演するバラエティ番組『久保み
ねヒャダこじらせナイト』にて、久保が「死にたい」と思うこと
について、提案した単位が「シニタ（snt）」です。

　液晶保護フィルムにゴミが入ったときにTwitterで"死にたい"
と打ち込むと気持ちがスッキリすることを発見。そこから、ささ
いな死ぬほどでもないような出来事を1snt（シニタ）という単位
にすることを思いついたといいます。

「液晶保護フィルムを貼るときにゴミが入り込んだときの死にたさ」を１sntの目安で、ほかには、「ツイート後に誤字脱字を見つけたとき」などとしています。

　この単位では、**自分の感情を数値化することで他人と共有できる**ようになっていますが、脳波の計測技術も進んでいるので、これからは感情もより正確に数値化できる時代がくるように思えます。

　**単位マーケティング**を活用している商品事例として、タイツを選ぶ際の密度の単位「デニール」を活かした商品が話題になりました。
「デニール」は、数値が高いほど肌の透け具合が減り、普通の黒タイツが60〜80デニール、真冬用でも120デニールくらいだそうですが、新しく発売されたタイツはファッションブランドの「Bobon21」が販売している「1200D暖か着圧タイツ」で、なんと1,200デニール。

　真冬用のタイツの10倍のデニールでとても暖かいのですが、見かけの濃さは40デニールほどで透けているように見えるという不思議なタイツです。

　その秘密は、タイツの「内部の色」にあります。表側は黒、でも裏返しにすると、肌色の生地があり、この仕込みのおかげで肌が透けているように見えるのです。「寒い日には分厚いタイツをはきたい。でも透け感のあるタイツがいい」というニーズに見事に応えた商品で、人気のためこのタイツは現在品切れ中のようです。

### ■「新しい単位」は人が動くきっかけになる

　いくつかの事例を紹介しましたが、人は良くも悪くも単位を見て判断して動いています。つまり**新しい単位を作ることで、人が動くきっかけを作ることができる**ということを「単位マーケティング」としてまとめてみました。

今後、注目しているのは、テクノロジーの進歩によってこれまで見えなかった五感や感情を測ることができるようになりつつあること。たとえば、大好きなアイドルと握手したときの胸の高鳴りや、ジェットコースターに乗ったときの不安と興奮の単位を作ったら、もっと体験したい人が増えると思いませんか？

　商品開発やマーケティング、広告宣伝に携わる方は「新しい視点」を求められることが多いと思います。その際、ひとつのメソッドとして、紹介した事例にあるような、**人を動かすための「新しい単位」**を考えてみてはいかがでしょうか。

POINT

**新しい単位を作る＝単位マーケティングで、
人が動くきっかけを作ることができる。**

日本古来の「見立て」が新しいアイデアを生む

# 見立てノベーション

「新幹線はコミュニケーションメディアである」
「年賀状は贈り物である」など「○○は△△である」
とみなす「見立て」は、実は成功事例の宝庫だった！

**倉成英俊**
電通Bチーム コンセプト担当特任リサーチャー。
1975年佐賀県生まれ。気の合う人々と新しい何
かを生むことをミッションに、公／私／大／小
／官／民関係なく活動中。

## サービスや商品を他のものに「見立て」ると成功する!?

城崎にて。小説のタイトルのように今、城崎温泉にて、さらにいうと志賀直哉さんが『城の崎にて』を書いた旅館三木屋にて、この原稿を書いています。来たのはこれで3回目ですが、初回からすっかりファンになりました。他の温泉地と違うユニークネスに魅了されてしまったからです。

その違いを象徴する看板が、三木屋さんの脱衣所にあります。「城崎温泉では条例により、内湯（旅館内のお風呂）浴槽の大きさに制限がございます。外湯とあわせてお楽しみください」。宿のお風呂のサイズを制限する狙い。わかりますか？

**城崎温泉の条例**

城崎の旅館三木屋のお風呂の注意書き。街全体の団結感がにじみ出る

答えは、「街に出てもらう」。お客さんを1つの宿で囲い込むのではなく、外湯（街の温泉）をお薦めする。そして、お土産も街のお土産屋さんで、食事も外食してもらう。

それぞれが得意分野で役割分担し、街全体で「共存共栄」する仕組みなのです。結果、観光客が浴衣に下駄でカランコロンとそぞろ歩き、風情満点の街になっています。

この考え方を説明される時に、使われるセリフがまたお洒落。

「城崎温泉では、街全体を1つの旅館と見立てています」と。城崎温泉駅は宿の玄関で、道路は宿の廊下である、とも。

城崎で、温泉に浸かりながら思ったのは、ずっと注目してきたキーワードがここでも出てきたぞ、ということでした。それは「見立て」（辞書によれば「あるものを別のものと仮にみなして表現すること。なぞらえること」）。自分のサービスや商品を「○○は、△△である」と何か他のものにみなして言っているものに、成功事例が結構あるな、と気づいていたからです。

見立てることでイノベーションや新しい成功を生む。この方法を「見立てノベーション」と呼んでみようかと思います。

## こんなにある「○○は、△△である」の見立て例

さて、例をいくつか挙げてみましょう。

まずは自分が身を置く広告業界から。ひとつ目は、約10年前の年賀状のキャンペーン「年賀状は、贈り物だと思う」。

少し略しますがコピーにはこう記されていました。「たった一枚の、小さくて、うすい紙。そこには何も入らない。でも、そこには、あなたを入れられる。大切な人のもとへ。1年で、いちばん初めに届けられるプレゼント」

儀礼じゃなくて、年賀状を出したい。これを読んで、そう思った方も多いのではないでしょうか。

次は、もっと時代を遡って「クリスマス・エクスプレス」（知らない若い世代はYouTubeで検索！）。

遠距離恋愛の恋人たちを描いた名キャンペーンは、山下達郎のヒットソングや、牧瀬里穂などの新しいスターを生み出し社会現象になりましたが、この企画書にはこう書かれていたそうです。「新幹線は、コミュニケーションメディアである」（実は元上司なので、本人に聞きました）。社会現象を生み出したCMの裏にあっ

たのは、この見立てだったのです。

　違う産業では、西陣織を着物以外のジャンルに提供している細尾もいい例です。パリコレでミハラヤスヒロとコラボし、シャネルや高級ホテルのインテリアのオーダーが入るなど成功を収めていますが、目指しているのは**「織物のフェラーリ」と自社製品の目標を高級車に見立てています。**

　他にもいろいろあります。**「都市鉱山」**なんかもそうですね。
　都市にある使われなくなったケータイからレアメタルを回収することで、**街を鉱山に見立てる。**
　先日の築地市場移転時の新聞記事での、魚河岸さんのセリフも粋な見立てでした。**「俺たちが売っているのは、魚ではない。信用」**だと。それでこそ、長く商売を続けられ、築地を名観光スポットにしてきたのだと思います。
　みなさんの周りにも見立てノベーション事例、たくさんあるのではないでしょうか。

## 見立てのコツは「言い切り」と「距離感」

　さて、この見立て。以前、我々はリサーチで、東京は茗荷谷の和菓子の名店「一幸庵」で、この見立てについて伺ったことがありました。
　ご主人の水上さんが、まず出してくださったのは白とピンクの2つの「きんとん」でした。冬には、白いきんとんを「雪です」とお客様に出す。すると、お客様は「わあ、雪ですね」と言って、雪をイメージして味わう。春になると、ピンクのきんとんを「桜です」と出す。今度は「わあ、桜！」と目と舌で春を楽しまれる。
　実はなんと、両方とも、原材料はほぼ一緒。**見立てることで、受け手の味覚を含めて感覚を変えられる、**お互いの想像力を生かした抽象表現が見立てだと理解しました。粋ですよね。

**桜のきんとん**
一幸庵でいただいたもの。蕾から満開まで、同じ材料でここまで表現が変幻自在

　そこで気になるのは見立てのコツだと思いますが、その時僕が思ったのはふたつ。水上さん曰く「自分が桜と言ったら桜」。送り手が言い切れば、そうなると。つまり、**AはBである、と自信を持って言い切ることが大事。**もうひとつは、距離感。AとBが遠すぎると意味がわからなくなってしまう。逆に、AとBが近いと、まんまになってしまい、想像力も好奇心もゼロに。**遠からず、近からず。そのバランスが大事**です。

　**○○は、△△である。自分のビジネスを、今日から何かに見立ててみましょう。**和菓子職人のように。城崎温泉のように。新しいアイデアに転換でき、他から一歩抜け出し、ユニークになれるはずです。

　あなたは何に見立てましたか？　この、粋な日本の文化的概念で、イノベーションを起こして世界を驚かせましょう！　それこそ本当のクールジャパン到来だと思うんですけどね。

**POINT**

**自信を持った「言い切り」と
バランスのよい「距離感」で行う「見立て」は
イノベーションのきっかけになる。**

　2015年から『Forbes JAPAN』で始まった一風変わったこの連載を担当してきた私は、実は筆者たちに黙っていたことがある。

　毎回筆者たちと打ち合わせを行い、ブレストをしてアイデアを膨らませ、原稿が届くと最初の読者としてダメ出しをしたり、絶賛したりしながらイラストの絵柄を考えていたのだが、その後、こっそり私は何度もパクっていたのだ。泥棒のようなことをして自慢するなと言われそうだが、その理由を大真面目に述べたい。

　この連載の作業はいつも楽しく、発見があり、視点を増やしてくれた。そうしていつの間にか別の企画会議や打ち合わせでも私は自然と「Bチーム脳」で話すようになっていた。Bチーム脳で企画を出せば面白がられ、講演でBチームのネタを出所も言わずに話すと聴衆が面白がる。受ければ受けるほど、脳も態度も完全にBチーム化していく。

　さらに私は自分が書いた本が韓国語訳されて当地で評判をいただいたこともあり、何度も韓国に講演に行くようになると、そこでもBチーム脳で話していた。会場から挙手があり質問が出ても、Bチームのような回答をしている自分がいた。それがまた面白がられた。つまり、国境も民族も超えて世界に通用するのがBチーム脳であると確信した。

　たまに「人のネタじゃないか」と、後ろめたさを感じたことも少しはあった。しかし、それよりもこの効用の理由を考えた。

　世の中にはアイデアの出し方や企画の練り方を書いた本はたく

さんある。どの本にもいいことが書いてあり、私は付箋を貼ったりラインを引いたりするのだが、たいがい忘れて使ったためしがない。たとえば、商業エンターテインメントの世界最高峰、ハリウッドの映画界でヒットを生むための法則を書いた研究書がある。そこにコンセプトは、「単純・簡潔・明快に説明せよ」とある。ストーリーをいかに濃縮するかがヒットコンセプトの肝だとも書いてある。しかし、こうしたすぐれた本をなぜ使いこなせないのだろうとも思う。

　その謎の答えは、Bチームと一緒に出かけて行うワークショップで見出すことができた。会場には企業の新規事業部の人たちが多く集まり、私はこの本に登場するBチームの面々とともに壇上に立つ。こうしたワークショップで私は気持ちが高ぶることが何度もあった。

　たとえば、最初にこんな質問を受けたことがある。「イノベーションの技法を会社でも取り入れているけれど、まずは課題を見つけるために上司に質問をする時間を設定しています。しかし、何を質問したらよいのかがわからないのです」。そんな難解なことは、なんと答えたらよいか言葉に詰まる。しかし、会場の人たちと「マジックワードカード」を始めると、そんな悩みを吹き飛ばすように、アイデアが次々と飛び出し、「実現したら、絶対に大受けする」と思う企画が誕生する。

　ヒントは単純なことだった。「ご両親や奥さんや旦那さんやお子さんなど誰でもいいので、大切な人のことを想像しながら、こんなことをしてあげたいと思ってください」とBチームが話すと、「わかる、わかる」と笑えるエピソードが次々と出てきて、それをメソッドと掛け算していく。

　発表を聞いていると、私は思わず、「天才じゃないですか」と口

にすることがあった。そして確信した。人の可能性の扉を開くも
の。それは「愛」なんだ、と。Bチームのメソッドが受けるのは、
誰かを喜ばせたいという愛情が強いからだ。だから、どんな場所
に行っても、状況が変わっても、誰にでも受けたのだ。

　ちょっとした愛情と思いやりがあれば、誰にでも使えるメソッ
ド。これが地球上に広まれば、人類はまた少し進化するかもしれ
ない。そんな夢を膨らませてくれるのが「Bチーム脳」なのかも
しれない。

※本書の内容は『Forbes JAPAN』で連載中の
「電通Bチームの NEW CONCEPT 採集」をもとに、
大幅に加筆・再編集したものです。

本文デザイン・DTP／斎藤 充（クロロス）
イラスト／尾黒ケンジ
編集協力／高橋一喜

電通Bチーム（でんつうびーちーむ）
株式会社電通の中に実在する特殊クリエーティブチーム。広告業（＝
A面）以外に、個人的なB面（＝私的活動、すごい趣味、前職など）
を持った社員が集まって組織されている。2014年7月に電通総研B
チームとして発足し、その後、電通Bチームに改名。DJ、建築家、
小説家、スキーヤー、平和活動家、AIエンジニアなど、現在56人の
特任リサーチャーが1人1つの得意ジャンルを常にウォッチし、情報
を収集、現代に必要な独自の「オルタナティブアプローチ」を開発し、
社会と企業に提供している。チームのスローガンは「Curiosity First」。
https://bbbbb.team/

ニューコンセプト大全
仕事のアイデアが生まれる50の思考法

2020年7月17日　初版発行

著者／電通Bチーム

発行者／青柳　昌行

発行／株式会社KADOKAWA
〒102-8177　東京都千代田区富士見2-13-3
電話　0570-002-301（ナビダイヤル）

印刷／大日本印刷株式会社

●お問い合わせ
https://www.kadokawa.co.jp/（「お問い合わせ」へお進みください）
※内容によっては、お答えできない場合があります。
※サポートは日本国内のみとさせていただきます。
※Japanese text only

定価はカバーに表示してあります。